高校实验室科学技术

（第三辑）

主　编

董治宝

副主编

（按姓氏笔画排列）

朱　臻　纪克攻　李保新　李剑利　赵　煜　韩　卿

编委会委员

（按姓氏笔画排列）

王晓玲　尹洪峰　曲　范　吕　磊　朱　臻　纪克攻　李保新
李剑利　时保宏　张海宁　张　辉　陈永当　罗红伟　赵　婕
赵　煜　袁　磊　唐俐玲　董治宝　韩　卿　韩　曼　霍　燕

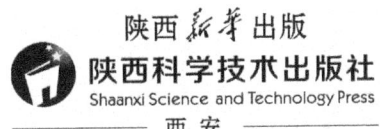

——西安——

图书在版编目(CIP)数据

高校实验室科学技术·第三辑/董治宝主编.—西安：陕西科学技术出版社，2024.1

ISBN 978-7-5369-8849-1

Ⅰ.①高… Ⅱ.①董… Ⅲ.①高等学校-实验室-工作 Ⅳ.①G647.62

中国国家版本馆CIP数据核字(2023)第208800号

高校实验室科学技术·第三辑
GAOXIAO SHIYANSHI KEXUE JISHU·DISANJI
董治宝　主编

责任编辑　黄　鹤　李雨桐
封面设计　曾　珂

出 版 者	陕西科学技术出版社
	西安市曲江新区登高路1388号陕西新华出版传媒产业大厦B座
	电话(029)81205187　传真(029)81205155　邮编710061
	http://www.snstp.com
发 行 者	陕西科学技术出版社
	电话(029)81205180　81205190
印　　刷	广东虎彩云印刷有限公司
规　　格	880mm×1230mm　16开本
印　　张	9.25
字　　数	250千字
版　　次	2024年1月第1版
印　　次	2024年1月第1次印刷
书　　号	ISBN 978-7-5369-8849-1
定　　价	58.00元

版权所有　翻印必究

目 录

实验室教学与改革

"遗传学实验"课程思政教学设计与实践 …………………………… 李 楠,刘自强,郭海滨,等(3)

通信原理实验课程的改革与实践 …………………………………………… 卢 敏,何雪云,刘 冬(8)

测控实习课程教学实践与改革 ………………………………………… 张育林,王明伟,李 铭,等(13)

生态学本科专业培养方案对其人才培养质量的支撑作用研究 ……… 江廷磊,唐占辉,宋传涛,等(18)

"互联网+"背景下大学生创业类实践课程探索 ……………………………… 袁 帅,陆瑞萌(23)

以提升本科生实验操作能力为目标的实验课考核方式改革 ………… 叶 群,刘淑娟,苗绪红,等(27)

电机学实验教学改革与探索——以"直流并励电动机"为例 ……… 刘 豪,牛姿懿,宋亚凯,等(32)

课程思政建设背景下"实验室安全与管理"课程创新教学方法探索 ……… 萨仁图雅,白哈达(38)

新文科视域下信息资源管理实验教学改革探索 ………………………………… 王 丹,石义金(45)

针对微电子专业的嵌入式系统实践教学改革思考 ……………………………… 王旭辉,程 军(51)

实验技术与方法

谐振法测量交流电路参数的设计与研究 ………………………………… 李 莹,庞及其,卢学英(57)

实验室微电网设计与实现 ……………………………………………………… 杜海江,秦晓维(62)

基于Arduino的数字可调直流稳压源设计 ……………………………… 王靖奕,王 晛,高昕悦(68)

专属参数在电路实验中的应用 ……………………………………… 王亚舟,李 恒,董 凌,等(76)

计算机技术与应用

计算机网络虚拟仿真实验教学系统设计与实践 …………………………………… 刘　进，杨　力(83)

虚拟仿真技术在热工基础实验教学中的应用实践 ……………………… 张小宁，杭贵云，王国亮，等(91)

基于 sbRIO 的体感交互机器人 ………………………………………… 郭文静，郭艳婕，段　楠，等(96)

实验室建设与管理

高校实验室危险废物安全管理与探索实践 …………………………… 纪克攻，陈　珂，卢　涛，等(103)

交叉学科实验室安全管理模式探究 ……………………………………… 周兴龙，杨晓峰，刘遵峰(108)

高频固液核磁共振波谱仪的维护使用 ……………………………………… 艾　惠，熊　嫣，闫　丽，等(113)

高校科研实验室安全管理联动机制探索 …………………………………… 卫洪清，胡道道，李保新(117)

前 沿 探 索

基于"元宇宙"概念的大学物理实验平台建设及未来教学模式的探索与研究

……………………………………………………………………… 张月颖，周　群，郭露芳，等(125)

新工科背景下智能网联与新能源汽车实验室的研究与探索 ………… 刘彪杰，杨果仁，贺礼强，等(129)

基于数据包络法的大型仪器开放共享综合评价 ……………………………………… 姚　洁，马江权(135)

CONTENTS

Laboratory Teaching and Reform

Design and Practice of Ideological and Political Teaching in "Genetics Experiment" Course
.... Li Nan, Liu Ziqiang, Guo Haibin, et al. (3)

Reform and Practice of Communication Principles Experiment Teaching ...... Lu Min, He Xueyun, Liu Dong(8)

Reform and Practice of Measurement and Control Practice Curse
.... Zhang Yulin, Wang Mingwei, Li Ming, et al. (13)

Study on the Supporting Role of Ecology Undergraduate Training Program on Its Talent Cultivation Quality
.... Jiang Tinglei, Tang Zhanhui, Song Chuantao, et al. (18)

Exploration of Entrepreneurship Practice Courses for College Students in the Context of "Internet +"
.... Yuan Shuai, Lu Ruimeng(23)

The Reform of the Examination Method to Improve the Experimental Operation Ability of Undergraduates
in the Experimental Course .... Ye Qun, Liu Shujuan, Miao Xuhong, et al. (27)

Experimental Teaching Reform and Exploration of Electrical Machinery: Taking "DC Shunt Motor" as an
Example .... Liu Hao, Niu Ziyi, Song Yakai, et al. (32)

Exploration of Innovative Teaching Method of "Laboratory Safety and Management" Course under
the Background of Ideological and Political Construction .... Sarentuya, Hada Bai(38)

Exploration of Experimental Teaching Construction of Information Resource Management Major from
a Perspective of New Liberal Arts .... Wang Dan, Shi Yijin(45)

Consideration of Embedded System Practice Course Based on Microelectronics Major
.... Wang Xuhui, Cheng Jun(51)

Experimental Technology and Methods

Design and Research of Resonance Method for Measuring AC Circuit Parameters
.... Li Ying, Pang Jiqi, Lu Xueying(57)

Design and Implementation of Laboratory Microgrid .... Du Haijiang, Qin Xiaowei(62)

Design Experiment of Digital Adjustable DC Voltage Regulator Based on Arduino
　　·· Wang Jingyi, Wang Xian, Gao Xinyue(68)

Exclusive Parameters Application in Verifying Circuit Experiment
　　·· Wang Yazhou, Li Heng, Dong Ling, et al. (76)

Computer Technology and Application

Design and Practice of Computer Network Virtual Simulation Experimental System
　　·· Liu Jin, Yang Li(83)

Application and Practice of Virtual Simulation Technology in Teaching of Basic Thermal Engineering
　　Experiment ····················· Zhang Xiaoning, Hang Guiyun, Wang Guoliang, et al. (91)

Design of Somatosensory Interactive Robot Based on sbRIO
　　·· Guo Wenjing, Guo Yanjie, Duan Nan, , et al. (96)

Laboratory Construction and Management

Safety Management and Exploration Practice of Hazardous Wastes in University Laboratories
　　·· Ji Kegong, Chen Ke, Lu Tao, et al. (103)

Investigation on Safety Management Mode of the Interdisciplinary Laboratory
　　·· Zhou Xinglong, Yang Xiaofeng, Liu Zunfeng(108)

The Maintenance and Application of High-Frequency Solid-Liquid Nuclear Magnetic Resonance Spectrometer
　　·· Ai Hui, Xiong Yan, Yan Li, et al. (113)

Exploration on Multiunit-joint Execution Mechanism of Safety Management in Scientific Research Laboratories
　　of Colleges and Universities ····················· Wei Hongqing, Hu Daodao, Li Baoxin(117)

Frontier Exploration

Exploration and Research on the Construction of University Physics Experimental Platform and Future
　　Teaching Mode Based on the Concept of Metaverse ··· Zhang Yueying, Zhou Qun, Guo Lufang, et al. (125)

Research and Exploration of Intelligent Interconnection and New Energy Vehicle Laboratory in the Context
　　of New Engineering ····················· Liu Biaojie, Yang Guoren, He Liqiang, et al. (129)

Large-scale Instruments Based on DEA Share Comprehensive Evaluation ············ Yao Jie, Ma Jiangquan(135)

实验室教学与改革

"遗传学实验"课程思政教学设计与实践*

李楠[1]，刘自强[2]，郭海滨[1]，李亚娟[1]，谢虎[1]

(1 华南农业大学 基础实验与实践训练中心，广东 广州 510642；
2 华南农业大学 农学院，广东 广州 510642)

摘　要：课程思政是落实立德树人根本任务的战略举措，新农科建设为涉农高校进一步推进"课程思政"建设提出了新的要求。在遗传学实验教学目标及教学体系的基础上，结合教育本质，内化出课程思政教学目标。在专业课程与课程思政双标下，解构六个维度的思政元素，根据实验内容寻找思政触点。采用"线上—线下""课前—课中—课后""实验室—田间"三线教学模式进行实践。最终帮助学生实现思想认识与实践探索的统一，完成立德树人的思政目标。

关键词：遗传学实验；课程思政；立德树人；教学设计

中图分类号：G482

Design and Practice of Ideological and Political Teaching in "Genetics Experiment" Course

Li Nan[1], Liu Ziqiang[2], Guo Haibin[1], Li Yajuan[1], Xie Hu[1]

(1 Experimental Basis and Practical Training Center, South China Agricultural University, Guangzhou 510642, Guangdong China;
2 College of Agriculture, South China Agricultural University, Guangzhou 510642, Guangdong China)

Abstract: Curriculum ideological and political education is a strategic measure to implement the fundamental task of moral education. The construction of new agricultural science has put forward new requirements for further promoting the construction of "curriculum ideological and political education" in agriculture-related universities. On the basis of the experimental teaching objectives and teaching system of genetics, combined with the essence of education, the ideological and political teaching objectives of the course are internalized. Based on the professional courses and curriculum ideological, the ideological elements of six dimensions are deconstructed, and the ideological and political contacts are found according to the experimental content. The three-line teaching mode of "online-offline""pre-class-in-class-after-class" and "laboratory-field" was adopted for practice. In order to help students realize the unity of ideological understanding and to practical exploration, and complete the ideological and political goal of moral education.

Keywords: genetic experiment; course ideology; moral education; teaching design

---

* **基金项目**：广东省本科高校教学质量与教学改革工程建设项目(粤教高函〔2021〕29号)；中国农学会教育教学类课题"基于科教融合的研究型实验教学模式探索与实践"(PCE2215)；华南农业大学2021年度校级教改重点项目(JG21046)。

作者简介：李楠，女，硕士，实验师，主要从事遗传学实验教学与管理工作。

1　引言

全面推进课程思政建设,已成为当前全国高校立德树人的重要举措。课程思政本质是唤醒教育的灵魂,通过教育本质通性打破思想政治教育与专业教育相互隔绝的"孤岛效应",实现立德树人[1]。2017年中共中央、中华人民共和国国务院印发《关于加强和改进新形势下高校思想政治工作的意见》,指出加强和改进高校思想政治工作是一项重大的政治任务和战略工程。2019年中共中央办公厅、国务院办公厅印发《关于深化新时代学校思想政治理论课改革创新的若干意见》和2020年教育部印发《高等学校课程思政建设指导纲要》,明确提出推进高校课程思政建设的具体要求,各校纷纷出台实施方案,课程思政建设取得显著成效[2]。

遗传学是探究生物遗传和变异规律的理论科学[3]。遗传学理论与实践关系密切,实验不仅是遗传学的重要基础,更是培养实践创新能力的重要环节。华南农业大学遗传学实验经历几个非常重要的发展时期,2007—2012年,遗传学实验独立设课,构建"验证性实验—综合设计性实验—研究性实验"多层次实验教学体系,编订综合性实验教材和遗传学实验教学大纲[4-5]。2012—2018年,在广东省高水平大学建设的推动下,开展虚拟仿真实验项目、智能化实验平台及微课平台建设与实践[6]。2019年至今,在课程思政和新农科建设背景下,开展思政融合、科教融合的遗传学实验课程改革。即在遗传学实验课程教学目标的基础上,通过教育本质,内化出遗传学实验课程思政目标。结合遗传学实验教学体系,分层次解构课程思政元素维度,在具体实验中寻找思政触点,利用三线教学模式开展教学活动。

2　思政目标

遗传学实验的教学目标为加强学生对遗传学理论知识理解与应用,并通过多层次实验教学体系,逐步提升学生的实验技能和科学素养,培养学生创新研究及综合应用能力。在该教学目标的基础上,进一步思考教育本质,即"培养什么人、怎样培养人、为谁培养人"。通过对本领域领军人物的思想、品质及精神展开分析,发现本领域人才在德能上的本质通性,内化思政教学目标,即在实践中以培养学生科学精神为核心,逐步延伸对学生社会责任、家国情怀、政治认同、职业道德及人文素养的感染与渗透。为国家为人民培养一批不仅具有扎实专业知识和技能,同时具备求真务实精神、热爱生命、热爱祖国、热情执着、责任担当、敢于创新、懂得包容合作的有德有为有理想的农科专业人才。

3　实施方案与思政内容

根据遗传学实验课程思政目标,将其解构为6大思政元素维度,包括科学精神、政治认同、家国情怀、职业道德、人文素养、社会责任。结合遗传学实验特点,将遗传学理论、马克思主义认识论和辩证法、心理学理论、科学家的世界观、人生观及价值观等融合在一起,寻找思政元素维度与实验内容的触点。其一,遗传学中应用的实验材料,大多来自本领域本校的科学家,结合材料背景,可以让学生更深刻感受身边科学家们的科学精神。其二,验证性实验以帮助学生更好的理解理论知识为主。根据这一特点融入马克思主义认识论,引导学生理论联系实践,认识事物本质规律,学会总结提升,培养求真务实精神。其三,经典遗传学综合性实验其教学目的在于帮助学生更深刻的理解和运用孟德尔遗传定律,培养学生团队协作及解决问题能力。因此以果蝇群体及突变表型为基础,结合遗传变异实质、生物多样性理论及心理学常识,帮助学生更进一步理解人与人之间的遗传差异,在团队协作的实验中更好地体会包容与合作,提升人文素养和职业道德。其四,在分子遗传学综合性实验中融入了很多研究技术与方法的创新,可引导学生运用马克思主义认识论和辩证法解构创新的实质,掌握创新的方法,鼓励学生在实践中勇于创新,培养科学精神。其五,研究性实验为科学研究的缩影,在学生进行研究实践中,可以根据学生遇到的实际困难和心态,从以上6个维度加以引导,帮助他们渡过难关,建立研究自信。每个实验具体思政目标及内容见表1。

表1 遗传学实验思政元素触点及维度

课程体系	实验内容		思政目标及内容	思政维度
验证性实验	减数分裂染色体制片观察		思政目标:运用马克思认识论,学习求真务实精神。 思政内容:将理论与实操对比分析,认识事物本质,把握事物规律,总结提升。	科学精神
	多倍体诱导与鉴定		思政目标:体会科研中的热情、执着与奉献。 思政内容:该材料来自本校水稻研究专家,以身边科学家、身边老师研究为题,分享研究历程。	科学精神 职业道德
综合性实验	细胞遗传综合分析实验	洋葱根尖染色体结构变异研究	思政目标:培养环保意识,社会责任,理解生命的意义。 思政内容:通过实验数据与学生探讨重金属等各种污染源对生物的影响。结合食品安全思考环境保护意义。	社会责任 人文素养 职业道德
	经典遗传综合设计实验	果蝇饲养与形态观察	思政目标:结合心理学,学会在团队中包容与合作。 思政内容:从遗传和变异角度,探讨生物多样性。引导学生运用遗传学知识理解人的性格遗传。	科学精神 职业道德 人文素养
		果蝇的有性杂交	思政目标:结合心理学,学会团队中尊重与妥协。 思政内容:结合遗传规律,理解生物选择的随机性,在生活中应用。	
		自主设计性实验	思政目标:实践中,深刻领悟团队协作。 思政内容:以团队为单位,开展实验设计。思考如何建设团队。	
	分子遗传学综合研究实验	田间观察与取材	思政目标:学习党员使命担当、科研精神、家国情怀、社会责任。 思政内容:从我校野生稻资源保护与利用历史中,引申出丁颖院士、卢永根院士及一代又一代科学家们的科研精神。	政治认同 社会责任 家国情怀 科学精神
		植物基因组DNA提取	思政目标:运用马克思认识论,认识事物本质与创新的关系。 思政内容:结合物理、化学等基础知识,剖析多种基因组提取方法创新实质。	科学精神 家国情怀 职业道德
		聚合酶链式反应(PCR)	思政目标:思考个人成就与国家、团队的贡献。 思政内容:改变世界的PCR,走进凯利·穆利斯。	职业道德 人文素养 社会责任
		凝胶电泳及定位分析	思政目标:学会运用社会与生命视角,辩证地看待科学研究。 思政内容:基因定位意义与转基因,探讨科学研究与生物可持续发展、与尊重生命及社会责任的关系。	
研究性实验	自主探究性实验		思政目标:体会科学研究的真谛。 思政内容:在研究实践中,运用已有知识经验去迎接挑战。教师结合学生实际困难,进一步培养学生研学精神,家国情怀及人文素养等。	科学精神 政治认同 家国情怀 职业道德 人文素养 社会责任
	大学生创新训练项目			
	学科竞赛			
	毕业论文			

4 教学方法及案例

遗传学实验教学已建设智能化实验平台及微课平台,形成了"线上—线下""课前—课中—课后""实验室—田间"相融合的立体化教学模式(图1)。在思政与专业同步的双线教学目标下,继续运用该模式开展教学。即课前学生可利用线上教学资源库自学并思考,课中教师在教学主题中深入浅出的融入思政元素,引导学生学习、实践并思考,课后通过习题、拓展资料及开放实践平台帮助学生巩固、拓展、实践及总结。以分子遗传学综合性实验为例,该部分实验以培养学生科学精神和创新研究能力为核心,共4次课,16个学时。通过遗传学领域的重要人物和实践体会逐步向学生渗透科学精神、政治认同、家国情怀、职业道德、人文素养、社会责任等思政内涵。

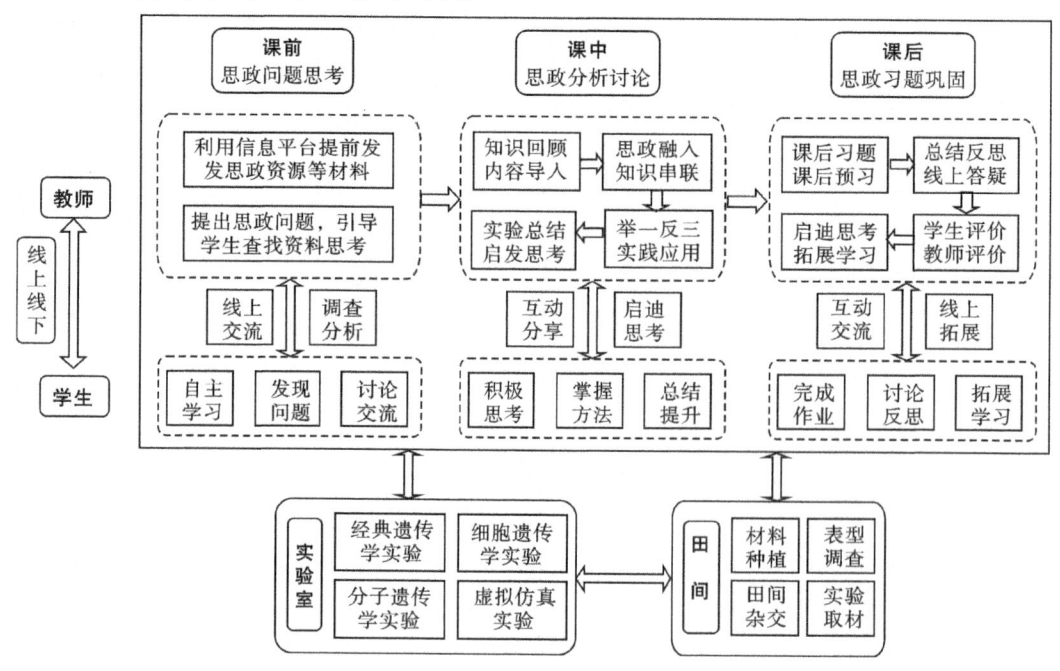

图1 "三线"教学实践模式

4.1 田间实践,弘扬科学精神

第一次课,课前引导学生利用线上平台进行分子遗传学实验的专业知识预习,并推荐观看感动中国十大人物卢院士事迹。田间实验时,带领学生了解我校的野生稻种子资源,讲解野生稻资源保护与利用历史,让学生进一步了解丁颖院士、卢永根院士及一代又一代科学家们的工作热情及奉献。最后再带学生们在田间取材由野生稻配置的F_2群体材料,在实践中体会野生稻的应用价值。课后利用线上学习资料进一步拓展学习,并提交田间实验的感悟与心得。

4.2 水稻DNA提取,激励自主创新

第二次课,课前引导学生利用线上图书馆查找植物DNA提取的多种方法。课中让学生分享自己所了解的提取方法,并结合物理及化学等基础知识,运用马克思主义认识论和辩证法向学生剖析多种提取方法的实质,掌握创新的本质。再开展水稻叶片DNA提取方法的投票,选择一种方法开展水稻基因组DNA提取。课后要求学生在实验报告的讨论部分,分析自己查找的植物DNA提取方法的原理及其应用,运用马克思主义认识论探讨个人对科学创新的理解。

4.3 聚合链式反应,坚定理想信念

第三次课,课前利用线上平台推送凯利·穆利斯的视频报道。课中和学生们探讨凯利·穆利斯与聚合酶链式反应。引导学生正确看待个人成就与国家、团队的贡献,并开展PCR实验。课后在实验报

告的讨论部分,结合自己的理想进行思考,探讨个人成就与奉献。

4.4 基因定位分析,提升人文素养与职业道德

第四次课,课前利用线上平台推送转基因研究报道,并引导学生查找相关资料为辩论赛做准备。课中向学生介绍基因定位的意义及转基因的发展,组织一场约15分钟左右的转基因食品利弊辩论赛,使学生学会运用辩证法去看待转基因的利弊。最后学习琼脂糖凝胶电泳技术开展实验。课后利用线上学习资源进一步学习了解,在实验报告的讨论部分,运用辩证法从科学研究、尊重生命、人文素养、社会发展等多个纬度去探讨转基因与生物可持续发展的关系。

此外,在综合性实验的基础上,可进一步引导学生进入研究性实验中,通过科研实践帮助学生从以上六个维度更深刻的体会研究的意义,生命的意义及人的价值。遗传学实验的课程思政,遵循了遗传学实验教学体系逐级提升学生实践技能的脉络。引导学生从自主学习,到教学讨论,再到实践体会,最后思考总结并实践应用,逐步提升学生的思想认识,进而实现其思想认识与实践探索的统一,最终达到思政教育的目标。

5 教学总结

全面推进课程思政建设,已经成为当前全国高校立德树人的重要举措。德才兼备,以德为先。在专业课程教育中,不仅仅要培养好学生的专业知识与技能,更要注重学生在专技学习过程中的品德修养,帮助学生成为一个有德有为的专业人才。每个专业领域都有着非常重要的领军人物,他们时刻散发着非常宝贵的品质,是支撑这一领域发展的核心动力。这些品质在很多领域有着共通性,根据这一通性,可以很好地找到专业课程中的切入点,在实践中自然而然地展现出来,达到润物无声的目的。

遗传学作为一门自然科学,有着自身独有的发展历史。本校的遗传学实验作为农业大学的专业基础实验,同样有着其独特的实验特点。结合遗传学发展历史及具体教学内容,寻找适当的思政触点,才能在实验中自然而然内化出立德树人的理念。如验证性实验展现出理论与实践的统一,结合马克思主义认识论可以帮助学生提升思想认识。再如以团队为单位完成的综合性实验,其实质在于培养学生协作能力,可以将心理学基础与生物多样性理论融合,帮助学生在人与人之间的合作中学会理解与包容。分子遗传学综合性实验中展现许多该领域的领军人物,蕴藏着人类科学的创新与发展。从优秀人物的成长历程及其创新源泉中,帮助学生理解创新实质,树立科学精神。这些思政触点均是结合实验本身的特点而产生的,即能通过知识教育,又能通过实践体会,还能结合习题思考。最终可达到学生思想价值观的内化,实现专业教育与思政教育的统一。

参考文献

[1] 李练军,潘求丰,陈畑子,等. 课程思政建设:本质、内涵与实现路径[J]. 社会科学前沿, 2021, 10(2): 378-383.

[2] 王英龙,李红霞. 课程思政对立德树人成效的影响研究[J]. 中国大学教学, 2021(12): 69-73.

[3] 陈德富,卢大儒,张飞雄,等. 中国遗传学教学40年发展及展望[J]. 遗传, 2018, 40(10): 916-932.

[4] 张向前,李楠,解新明. 表观遗传学综合性实验设计与探讨[J]. 遗传, 2021, 43(12): 1179-1187.

[5] 李楠,李亚娟,郭海滨,等. Ds插入突变体的遗传学综合性实验设计与探讨[J]. 遗传, 2019, 41(12): 1148-1155.

[6] 库夭梅,陈建军,陈志民,等. 实虚结合推进跨学科公共基础实验教学平台的建设实践[J]. 实验技术与管理, 2019, 36(8): 206-210.

通信原理实验课程的改革与实践*

卢 敏[1]，何雪云[1]，刘 冬[2]

(1 南京邮电大学 通信与信息工程学院，江苏 南京 210003；
2 武汉易思达科技有限公司，湖北 武汉 430205)

摘 要：以培养应用型人才为目标，依托软件无线电平台，改革并实践以学生为主体的通信原理实验课的教学设计方案。结果表明，该实验教学方案有效地提升了学生对通信理论的理解，并激发学生进一步探索和研究本学科的关键问题的兴趣和主动性。

关键词：通信原理实验；软件无线电；实验教学

中图分类号：G420

Reform and Practice of Communication Principles Experiment Teaching

Lu Min[1], He Xueyun[1], Liu Dong[2]

(1 College of Telecommunications & Information Engineering, Nanjing University of Posts and Telecommunications, Nanjing 210003, Jiangsu, China;
2 Wuhan Easystart Technology Co., Ltd, Wuhan 430205, Hubei, China)

Abstract: With the goal of cultivating applied talents and relying on the software-defined radio platform, a teaching design scheme for communication principles experiment course was reformed and practiced, focusing on students. The results showed that this experimental teaching scheme effectively improved students' understanding of communication theory, and stimulated students' interest and initiative to further explore and research key issues in this discipline.

Keywords: communication principles experiment; software-defined radio; experiment teaching

高校工程教育培养存在教学内容与前沿技术水平脱节、实践和创新能力不足等共性问题[1]。我校通信原理教师团队深刻认识到实验课程改革的迫切性，连续3年与企业深度合作，采用基于软件无线电的实验教学方案[2-3]，致力于培养先进的电子信息后备人才。

在教学过程中，以师生互动、关注过程、严格要求的"金课"标准[4]为指导，以学生为主体，鼓励学生主动参与、勤于实践。教师在课前、课中、课后都会给予充分的引导和帮助。该教学方案既提高了学生对通信基础理论和前沿技术的理解，无论是对于通信系统整体的把握，还是对于各种通信算法的实现能力，同时也提高了学生的工程实践经验和创新能力。

1 教学目标

软件无线电指的是在通用的硬件平台上用软件来实现各种通信模块的无线通信设备，具有可重构性、灵活性，可以方便实现原型设计向实际应用的过渡，为学生和教师提供开放的真实的通信系统和算

---

* 基金项目：教育部2021产学合作协同育人(项目编号：202101355042《通信原理综合创新实验室建设》)。

作者简介：卢敏，女，硕士，高级实验师，主要从事通信系统、通信网络的实验教学工作。

法设计经验,因此目前已被国内外高校广泛采用,成为通信本科课程实验课程的一种行之有效的教学方式[5-10]。我校通信原理实验教学基于 XSRP 软件无线电平台,实验教学内容主要围绕以下 4 个目标设计。①提高学生的工程实践能力;②提升学生的创新思维;③增强学生的前沿技术的自主学习能力;④促进学生团队合作的能力。

2 教学实践内容

2.1 熟悉系统平台及系统搭建

软件无线电平台提供了真实的无线收发环境,如图 1 所示。学生需将电脑与无线电平台通过交换机进行物理连接,并完成 IP 地址配置和连通性测试,如图 2 所示。电脑端主要完成基于软件的信号基带处理和仿真,无线电平台通过 FPGA 芯片实现基带信号与射频信号的相互转换。平台包含 4 根鞭状高增益全向天线,可以实现 2×2 MIMO 系统。射频前端的工作频段在 70 MHz 到 6 GHz 之间,频率资源丰富,可支持不同的应用场景。DAC 和 ADC 的采样率为 30.72 MHz。

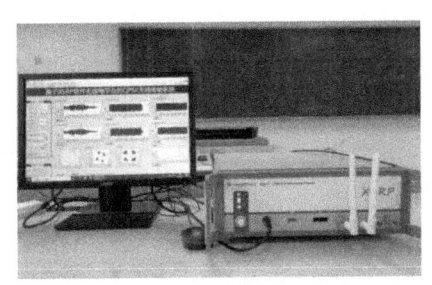

图 1　XSRP 软件无线电平台

图 2　网络配置

学生将不同的软件仿真系统加载到硬件平台上,即可构建"半实物—半实验"的通信系统。通信信号可以选择文本、语音或图片。通过设置系统工作参数,如收发频率、收发衰减系数、天线角度等,在真实无线信道环境下,测试、观察、分析接收信号,包括信号的波形、星座图、带宽等,并比较不同处理方式的性能。图 3 为接收信号的时域和频域波形及星座图。学生在此过程中,需要总结系统参数对于信号形态的影响。

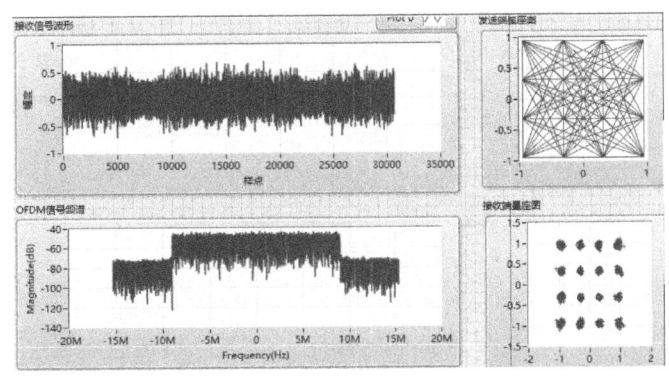

图 3　经过信道传输后的信号形态

通信专业的学生通过先导课程的学习,具有较强的理论知识功底。学生通过软件无线电平台提供的完整的通信环境,了解通信理论的具体应用。

2.2 熟悉通信模块和通信算法

软件无线电的特点是:发送端和接收端的整个基带信号处理流程都是通过软件完成的。学生需要理解通信链路层中信号处理、调制编码等概念,思考各功能模块的作用,再进一步编程加以实现。学生可以通过改变算法中的参数,比如滚降系数、调制阶数、码率等,获得与传输相关的真实物理方面的更多认识。根据经验,由于所涉及的实现方案和算法的多样性,这部分对学生来说通常比较耗时。

与信号发送和接收相关的处理包括:脉冲成形、采样、插值、同步和信道估计算法、频偏矫正等。如图4所示为接收信号经过频偏矫正算法前后的星座图对比。

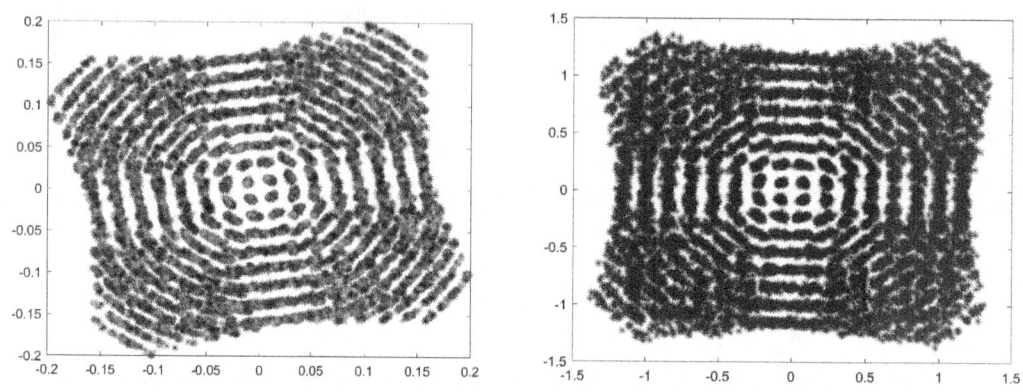

图4 频偏矫正前后星座图对比

调制和编码:包括调制方案、信源编码和信道编码。因为需要支持不同信源的传输,学生需要学习不同的信源编解码方案,如PCM编译码、哈夫曼编译码等。信道编码包括分组编码、Turbo码和高级编码方案如LDPC,以及CRC校验。调制解调包括ASK、FSK、QPSK、16 QAM、64 QAM、256 QAM。

当设计这些模块时,学生还需要意识到实现方案的复杂度,前后模块之间的交互,各个变量的属性与长度,是否存在溢出等问题。作为任务驱动型的实验内容,当任务发布后,学生不仅考虑是否能完成任务,还需要考虑是否能用不同的方案去解决问题。如图5所示,学生对于循环码编码的编码给出了不同的实现方案。

图5 循环码编码的实现

2.3 熟悉通信标准,从课本走向技术前沿

软件无线电平台的优势在于,可以灵活的支持各种无线通信系统的设计。从GSM、CDMA到4G、5G,教师和学生可以参考协议和标准,完成设计。标准或协议是通信原理知识的最典型的应用。通信认识协议标准的递进可以看出这一领域重技术的更迭。以CDMA、4G、LTE、5GNR标准[11-12]为实验项目,学生可以充分地理解技术发展的进程,从而更好地掌握通信原理和技术,同时掌握一些通用的设计原则和方法,在实践中灵活应用,发掘新的思路和方法。

图6是5G系统PUSCH信道的发送流程。5GNR与4GLTE都是基于OFDM方案进行设计,学生需要学习OFDM这一核心技术。为了支持5G更灵活的系统架构,5GNR相对于4GLTE又增加了

很多新技术。其中最具有代表性的在信道编码方案，5GNR采用了LDPC码，替代了LTE数据信道Turbo码。LDPC码相对Turbo码具有更低的编码复杂度和更低的译码时延，可以更好地支持大数据的传输。这一部分供学有余力的学生选择去完成。

在解决问题的过程中，学生需要大量的查阅文献资料，收集与问题相关信息解决问题，有助于培养学生自主解决问题的能力，也为以后参加竞赛、从事研究、撰写论文等奠定一定的基础。

2.4 分组完成后，对所做的课题做口头和文字的汇报

我们将每个班的学生分组，每一组完成一项任务。每组的目标明确，但对如何实现这些目标有着宽松的限制，教师不做过多的干预。每个任务综合了课堂上已经讲授的概念，让学生追求基于项目的体验。学生需要学会倾听他人的意见和想法，尊重每个人的不同观点和思路，以达成共识并协同完成任务。

考核评价方式对学生的课程参与度起着至关重要的作用。基于软件无线电实验平台的系统设计，给学生提供了一个去尝试、失败、通过反馈信息再尝试的自我探索的机会。为了更好地了解不同的学生的学习状态和学习质量，验收考核采用个人PPT汇报设计成果的方式。学生报告了他们在实验过程中，解决

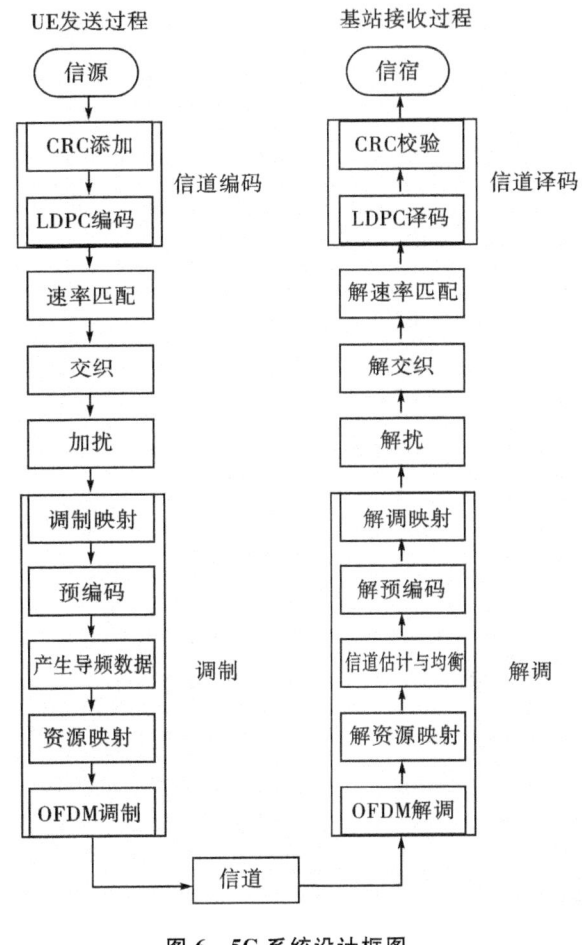

图6　5G系统设计框图

问题的步骤、推理方式、学习方法和心得。任课教师和学生之间进行了深入的交流和讨论。因为每个学生都参与了系统中的部分工作，针对各自的工作，教师提出问题，来了解学生对知识点认识的深度，对于不同层次（参与度和完成度不同）的学生，给出相全面的评价。

3 教学团队建设

2020—2022年期间，实验中心每年完成通信与信息工程学院1000名学生的通信原理实验课程的教学。由于采用小班化教学，课容量巨大。新的教学方案对师生都提出了新的挑战，教师在教学实施过程中，需要及时与学生互动，对出现的问题给出解决方向的建议。

通信原理实验教学团队由18位老师组成。老师们不仅具有扎实的理论基础，而且还拥有丰富的项目研发经验和竞赛指导经验。在过去的3年里，每学期都参加企业组织的各种培训，并定期开展线上和线下的研讨会，以便及时跟进教学中存在的问题，不断修订和完善实验教学的进程和难度层次划分。此外，教师会走出校园，到企业中到其他高校调研交流，汲取经验，从而建设了一个理论教学与实践教学相结合的高素质实验教学队伍，为学生创造了一个良好的软硬件工程教育环境。

4 结语

通过为期3年的通信原理实验改革与实践，学生获得了更加全面深入的理论知识和实践技能。这些改革和实践让学生们在通信原理实验中获得了丰富的实践经验，提升了专业能力和实践能力，也培养

了团队协作和沟通能力,实现了实验改革的目标,为学生今后的学习和职业发展打下了坚实的基础。

参考文献

[1] 周静.新工科背景下地方高校工科人才培养改革与实践[J].实验室研究与探索,2022,41(7):256-263.

[2] 卢敏,何雪云,刘冬.基于软件无线电的通信原理实验课程改革[J].电气电子教学学报,2022,44(3):169-172.

[3] 吴昊,卢敏. Implementation of High Order QAM modulation on SDR[C]. ISAI2019.

[4] 黄英,雷菁.通信专业实验"金课体系"构建初探[J].大学教育,2022,(9):144-146,171.

[5] 杨宇红,袁焱,田砾.基于软件无线电平台的通信实验教学[J].上海:实验室研究与探索,2015,34(4):186-188.

[6] Alexander M. Wyglinski, Don P. Orofino, Matthew N. Ettus, et al. Revolutionizing Software Defined Radio: Case Studies in Hardware, Software and Education[J]. IEEE Communications,2016,54(1):68-75.

[7] Víctor P. Gil Jiménez, Alejandro Lancho Serrano, Borja Genovés Guzmán, et al. Learning Mobile communications standards through Flexible Software Defined Radio Base Stations[J]. IEEE Communications,2017,55(5): 116-123.

[8] Michael Rice, Mike McLernon, Teaching Communications with SDRs: Making It Real for Students[J]. IEEE Communications,2019, 57(11):14-19.

[9] Raquel G. Machado, Alexander M. Wyglinski. Software-Defined Radio: Bridging the Analog-Digital Divide[J]. Proceedings of the IEEE,2015,103(3):409-423.

[10] Mohammed El-Hajjar, Quoc A. Nguyen, Robert G. Maunder, et al. Demonstrating the Practical Challenges of Wireless Communications Using USRP[J]. IEEE Communications,2014,52(5):194-201.

[11] Rudolf Tanner,Jason Woodard. WCDMA原理与开发设计[M]. 北京:机械工业出版社,2007.

[12] 王映明,孙韶辉.5G移动通信系统设计与标准详解[M].北京:人民邮电出版社,2020.

测控实习课程教学实践与改革*

张育林,王明伟,李 铭,毕文婷,王 娜,黄宝娟

(西安交通大学 实践教学中心,陕西 西安 710049)

摘 要:测量与控制技术是智能控制的关键技术,学生掌握相应的测控知识显得越来越重要。以测控实习课程为基础,对测控实习课程的教学体系、课程实践、评价标准和课程效果进行了介绍,构建一个较为科学、合理的测控实习教学体系,为学生工程实践能力培养奠定基础。

关键词:测控实习;实践教学;教学改革

中图分类号:G642.0

Reform and Practice of Measurement and Control Practice Curse

Zhang Yulin, Wang Mingwei, Li Ming, Bi Wenting, Wang Na, Huang Baojuan

(Engineering Workshop, Xi'an Jiaotong University, Xi'an 710049, China)

Abstract: Measurement and control technology is the key technology of intelligent control, and it is more and more important for students to master the corresponding measurement and control technology knowledge. Based on the measurement and control practice course, the teaching system, course practice, evaluation standards and course effects are introduced, and a more scientific and reasonable measurement and control practice teaching system is constructed to lay the foundation for the cultivation of students' engineering practice ability.

Keywords: measurement control; practical teaching; teaching reform

近年来,教育部以"新工科""卓越工程师计划""卓越拔尖人才培养计划"等一系列人才培养项目作为顶层抓手,着力部署各个高校提升人才培养质量,重点培养新时代紧缺的高精尖人才,进一步提升高等教育质量。在此背景下,西安交通大学实践教学中心确立了以"一个目标、两个原则、三大任务、四项举措"为主旨的"一二三四"实践教学培养体系,努力打造具有交大特色的实验实践教学新局面。

测控实习课程是西安交通大学实践教学中心已经开设多年的一门实践课程,以培养学生基础工程素养、综合工程能力为主要目标,面向学校各个工科专业学生,在多年实践培养的基础上,取得了非常好的效果。这些年,为适应新的教育形势和行业需求,测控实习课程一直在不断进行教学改革探索和升级,主动识变、主动求变,建立了一套行之有效的实践教学体系,为本科生实践能力的培养和提升打下良好的基础。

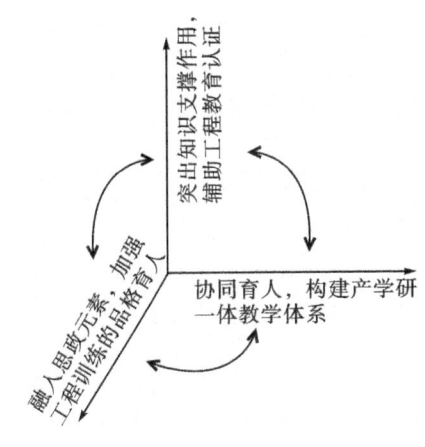

图1 课程目标

---

* **基金项目**:教育部产学研合作协同育人项目(编号:220806375193932,220900783281414);西安交通大学课程思政专项研究项目(编号:22SZZX83)。

作者简介:张育林,男,高级工程师,研究方向为机械电子工程等。

1 课程体系

测控实习课程除了完成工程教学功能外,应当在以下方面也发挥重要作用,如图1所示。第一,要为全校主要工科专业的工程认证提供重要支撑;第二,积极发挥协同育人优势,构建产学研一体的教学体系;此外,还应当积极加强工程教育的德育功能,完善四政育人效果。总之,课程体系建设需要系统思考,综合考量,构建尽可能合理科学的课程体系。

测控实习课程构建了一个多层次、多维度,从点到面的立体化的课程体系。从基础知识的支撑,到针对各个重点知识设计的多模块训练项目,再到更强调知识综合应用的综合训练项目,最后到面向竞赛,面向实际应用问题的更为复杂的训练项目。整个实验项目设计从基础到综合,从简单到复杂,从单一到复合,紧紧围绕培养学生严慎细实的工程素养,开拓进取的创新能力和解决复杂问题的综合能力这一核心目标,开展实施整个课程的实践训练。课程体系架构如图2所示。

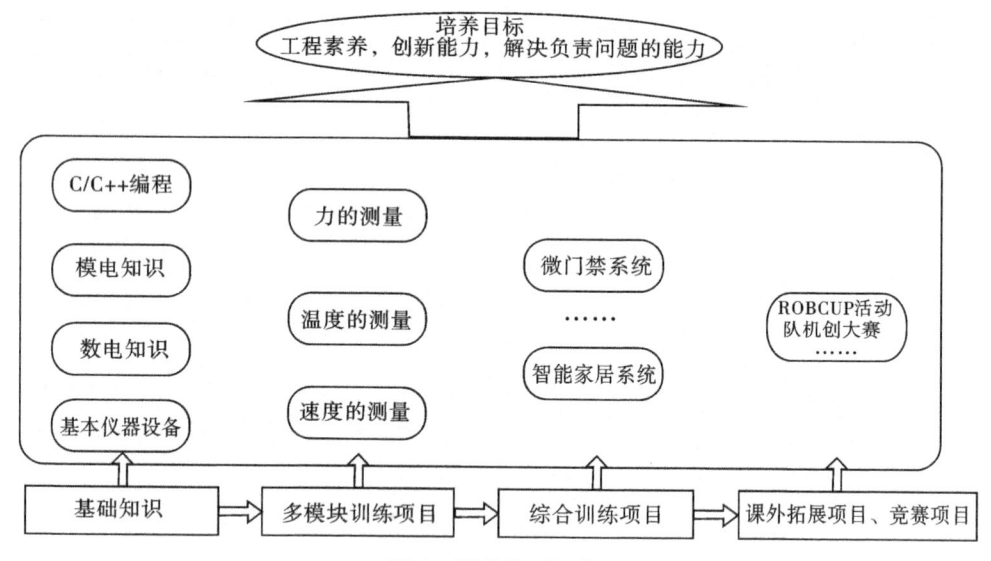

图2 课程体系架构

2 课程实践

测控实习是面向全校工科学生开设的实践课程,对工科学生普及基本的测控知识与技能,在实训中着重培养学生工程实践能力、分析解决问题能力、综合设计能力、创新意识、团队协作能力等。

测控实习定位于让学生了解测量与控制系统的组成,学会怎样使用传感器、测量电路、控制电路、计算机编程等几大功能模块。课程从应用的角度出发,注重各功能模块的技术要求和相互间联系和影响,侧重培养学生自主动手能力。测控实习课程构建多维度多层次的综合训练组合方式,从不同程度,不同角度针对学生开展有效的工程实践锻炼和培养。

2.1 基础知识

掌握常用设备的使用,能够在系统调试中熟练使用,掌握测量系统的基本构成及设计方法,实现所选被测量系统的测量,能够运用开关量输入输出与模拟量的输入输出控制方法,实现传感器状态的采集及执行器状态的基本控制,能够运用所学测控基本知识和基本技能搭建测控系统。

这些基础知识从实验室安全、用电安全、仪器设备安全等基本素养开始,到模电、数电、编程语言等课程的基本知识,覆盖测量和控制相关的主要知识点,为后续课程的学习奠定基础。

2.2 多模块训练项目

课程中设置多个有针对性的模块训练项目,例如测温、测力、测速训练项目、调理电路等,这些模块训练项目将各个知识点融合到实际训练中,比如转速机构测量系统;通过皮带传输控制码盘高速旋转,在码盘外围设计测速传感器电路,让学生通过实验学习速度测量这一实际问题,诸如此类。这些训练项目都会针对某些具体的知识点,通过强化有针对性的模块项目训练,让学生掌握课程中的重点知识,做到以点带面,融会贯通。部分训练模块实物示意图如图3所示。

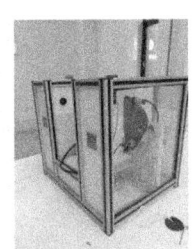

图3 部分训练模块实物示意图

2.3 综合训练项目

课程还设置有多个复杂程度更高,知识点更密集的综合训练项目,将测量和控制两部分知识结合起来,形成了诸如电梯综合控制,皮带传输线控制,全自动洗衣机模拟控制、信号源设计及实现等综合训练项目。比如电梯综合控制项目就强调传感器检测,数字量输入和输出的时序控制等知识点;再如信号源设计及实现项目又强调模拟量输入输出控制,流程循环控制,输出电路等综合知识的应用。

这些综合训练项目所涉及的知识点更多,将整个课程中重要的有关传感器的知识、调理电路的知识、数字量控制和模拟量控制等重点知识加以综合,通过软件结合硬件的方式,进行综合训练,来帮助学生提高层次,为高阶训练项目奠定牢固坚实的基础。

2.4 拓展项目及竞赛项目

在必修的课程时间之外,作为课程的有效延伸,实践教学中心组织了多个学生科技活动队,比如慧鱼活动队,ROBCON活动队,智能机器活动队等,以机创大赛、ROBCON机器人比赛、工训竞赛等大赛作为训练抓手,设计了更贴近竞赛水平和层次的实践训练项目。比如物流自动分拣机器人设计,基于摩擦轮加速的足球发射装置设计,无人机智能降落系统等,这些项目要么以往届大赛题目进行裁剪修改而设计,要么从科研项目中提炼出适合本科生训练的实训案例,都着重强调知识的综合性和复杂性,更贴近实际应用,更能锻炼学生的高阶工程能力。

此外,在整个教学过程中注重工程概念的建立,教师以典型环节和典型系统为核心进行引导,以学生自主学习为主,教师引导解惑为辅,由学生自主选择训练项目,自主组建项目小组,采用小组讨论,实际动手等多种手段进行学习。同时加强多媒体教学方式,开阔学生视野,为学生提供自学及实践的条件。

总之,测控实习课程通过从基础知识到拓展竞赛项目、从简单到复杂、从点到面的立体化、多层次、多维度的实践训练,力求在实践育人环节为本科生打下坚实的基础,培养谨慎认真的工程素养和态度,为学生后续继续从事和开展科研项目奠定良好的基础。

3 课程运行及效果

课程体系的实际运行示意图如图4所示,通过教学内容、教学对象、教学时间、教学成果和功能支撑等方面的要素集合,能够满足课程设置的综合目标,完成教学功能和各项任务。

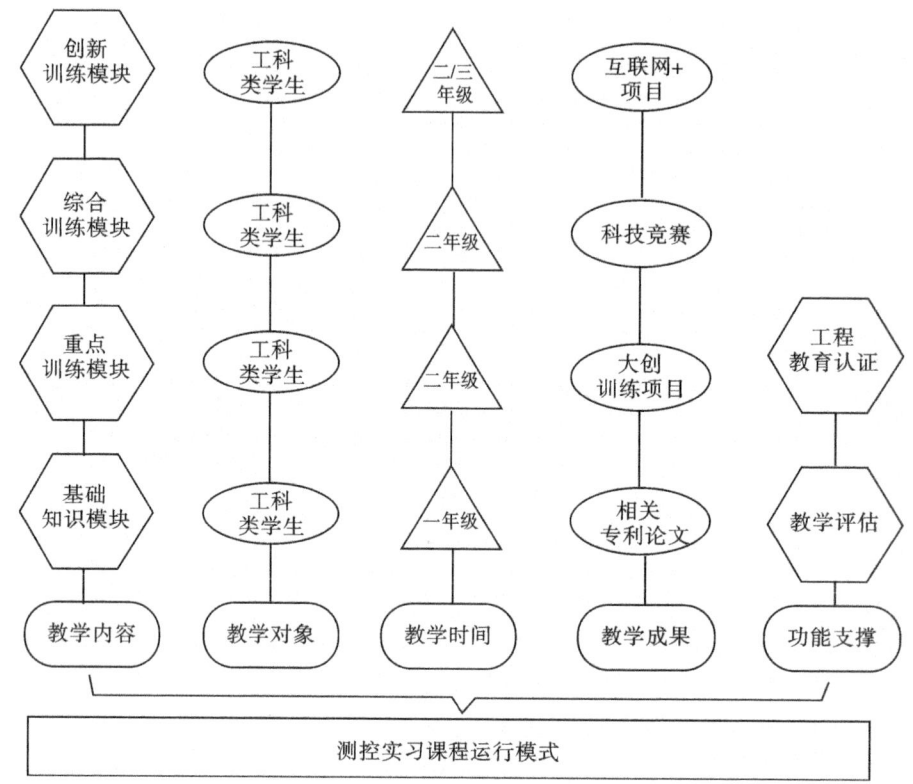

图 4 课程运行图示

另外,为了对学生进行科学合理的成绩评定,了解学生对知识、训练的掌握程度,有必要开展切实可行的评价机制。测控实习课程对学生按照多个维度进行综合评价,课程的考核以学生能力培养的达成为主要目的,以检查学生对各知识点的掌握程度和应用能力为重要内容,注重实习的全过程考查,包括考勤、课堂讨论、发言、各训练项目结果的验收及问辩情况、设计说明书的撰写情况等环节,总评成绩按等级制计,各考核环节所占分值比例可根据具体情况进行微调。

在测控实习课程多年运行的基础上,学生们通过参与教育部实施的各种 A 类大型比赛,在实战中提升能力和技能,取得了不少非常有益的结果。表 1 展示了近年来学生取得的竞赛成绩。

表 1 部分竞赛取得成绩

比赛名称	全国一等奖数量	全国二等奖数量	其他
全国大学生电子设计竞赛	3	3	近 3 届
全国大学生工训竞赛	5	6	2019 年手册获得特等奖
大学生机械创新大赛	20	8	近 3 届
中国机器人大赛	12	10	近 3 年

4 结语

为满足新形势下人才培养的需求,测控实习课程不断求新求变,将紧贴实际应用和行业需求的训练项目不断引入实践课程,满足本科生实践工程能力培养的需求。通过多年的课程探索和实践,学生的创新意识,解决复杂问题的能力,谨慎严格的工程素养等方面都得到了很好的锻炼和提升,增强了学生的核心竞争力,为学生后续进一步发展奠定了良好的基础。秉承西安交通大学"起点高、要求严、基础厚、重实践"的办学传统和特色,测控实习课程将继续为高校实践育人做出贡献。

参考文献

[1] 胡仁杰,堵国樑,郑磊.电工电子实验教学体系改革与建设[J].实验技术与管理,2022,39(7):206-211.

[2] 宁改娣.新工科背景下大数电课程的教学改革研究[J].工业和信息化教育,2020(8):1-4.

[3] 唐德凯,夏新文,桂小林.新工科背景下面向赋能教育的大学计算机课程改革探索[J].计算机教育,2020(9):178-182.

[4] 王明伟,黄宝娟,张育林,等.新形势下测控实习教学体系探索[J].实验室科学,2020,23(4):90-93.

[5] 杨欣.基于CDIO理念的基础实验教学改革初探[J].实验室科学,2018,21(4):85-88.

[6] 陈磊,朱玮,金玲.新工科背景下电路原理课堂实验教学探索[J].中国现代教育装备,2022(1):91-93.

[7] 胡熙茜,候世英,孙韬.新工科背景下电工学实验教学设计改革[J].工业和信息化教育,2019(8):13-16.

生态学本科专业培养方案对其人才培养质量的支撑作用研究*

江廷磊[1,2],唐占辉[1,2],宋传涛[1,2],林爱青[1,2],肖艳红[1,2],吴　慧[3]

(1 东北师范大学 环境学院 吉林省动物资源保护与利用重点实验室,长春 130017;
2 东北师范大学 国家级生态学实验教学示范中心,长春 130017;
3 吉林农业大学,生命科学学院,长春 130018)

摘　要：生态学是研究生物有机体与其周围环境相互作用及其内在规律的科学。生态文明的建设离不开高等教育生态学专业人才的培养,其中本科教育尤为重要。因此,如何构建科学合理的生态学本科专业培养方案,是高校亟待思考的问题。本研究通过分析生态学本科专业排名与其培养方案设置、学科排名之间的关系,结果发现仅总学分与生态学专业排名分值显著负相关,学科排名与生态学专业排名分值显著正相关。虽然生态学本科专业排名并不一定能真正反映其人才培养质量,建议高校加大对生态学学科建设的力度,基于夯实专业理论基础和提高解决生态学问题能力的原则,制定科学合理的生态学本科专业培养方案。

关键词：生态学；培养方案；人才培养质量；学科；拔尖创新人才

中图分类号：Q5-4；G642

Study on the Supporting Role of Ecology Undergraduate Training Program on Its Talent Cultivation Quality

Jiang Tinglei[1,2], Tang Zhanhui[1,2], Song Chuantao[1,2], Lin Aiqing[1,2], Xiao Yanhong[1,2], Wu Hui[3]

(1 Jilin Provincial Key Laboratory of Animal Resource Conservation and Utilization,
School of Environment, Northeast Normal University, Changchun 130017, Jilin, China;
2 National Demonstration Centre for Experimental Ecology Education,
Northeast Normal University, Changchun 130017, Jilin, China;
3 College of Life Science, Jilin Agricultural University, Changchun 130118, Jilin, China)

Abstract: Ecology is the study of how organisms interact with one another and with their physical environment. The construction of ecological civilization is inseparable from the cultivation of ecology professionals in higher education, especially the undergraduate education. Therefore, how to build a scientific and reasonable training program for undergraduate majors in ecology is an urgent problem that managers in colleges and universities need to think about urgently. This study investigated the relationships between the ranking of ecology undergraduate majors, its training program, and the disciplines ranking. We found that only

---

* **基金项目**：吉林省教育科学规划课题(ZD21010)；东北师范大学环境学院教改项目(HJ-JYKT20B07)。
作者简介：江廷磊,教授,博士,研究方向为动物行为与进化生态学。

the total credits are significantly negatively correlated with the ranking of ecology majors, while the disciplines ranking is significantly positively correlated with the ranking scores of ecology majors. Although the ranking of undergraduate majors in ecology does not necessarily reflect the quality of its talent training, it is suggested that colleges and universities should increase their efforts in the construction of the discipline of ecology and formulate scientific and reasonable training programs for ecology undergraduate majors based on the principle of consolidating the theoretical foundation of the major and improving the ability to solve ecological problems.

Keywords：Ecology; training program; talent training quality; discipline; top and innovative talent

1 引言

随着气候变化、工业发展、城市化进程等，人类面临着环境污染、资源和粮食短缺等危机。近40年以来，中国经济的快速发展，必然会导致一系列生态环境问题。中国人口众多，资源相对不足，环境容量有限，在快速发展的历史进程中，生态环境问题非常突出，解决十分困难[1]。鉴于此，国家及社会公众将建设生态文明作为中华民族永续发展的千年大计[2]。

生态文明的建设离不开高等教育生态学专业人才的培养。生态学是生物学的重要分支，是研究生物有机体与其周围环境相互作用及其内在规律的科学[3]。目前，生态学从传统的解释和认识自然，已经转变为指导人类认识、利用、保育和建设自然的庞大知识体系[4]。因此，中国巨大的发展压力及其对资源与环境的重大冲突，需要自己建立新的科学技术体系，并用来解决复杂的生态环境问题，生态学是核心[5]。

本科教育是高等教育最重要的环节，对培养拔尖创新人才至关重要。面向国家生态文明建设的需求，生态学本科专业培养德智体美劳全面发展，具有高尚职业道德，宽厚的生态科学及相关专业的理论素养，具有可持续发展理念及较强的实践能力，并能够在环境污染与控制、生态环境保护、环境规划与管理、防灾减灾等相关领域具有创造潜力的学术型人才或应用型人才[3]。生态学是一门理论与实践紧密联系的交叉学科，实践教学应该具有直观性、综合性和创新性的特点，因此在培养拔尖创新人才方面有着不可替代的独特作用[6-7]。然而，目前各高校生态学专业本科培养体系过度偏重于学校和地方特色、缺乏合理性的系统比较研究，一定程度上不利于拔尖创新人才的培养[8-10]。因此，本研究通过对多所高校生态学专业培养方案进行解析，并与其排名建立联系，试图探讨科学合理的生态学培养方案构成体系，为将来生态学培养方案的制定提供科学依据。

2 研究方法

2.1 数据收集

首先，我们通过各高校门户网站查阅生态学专业本科培养方案。对于少数不能通过门户网站获取培养方案的高校，我们通过发送邮件等方式联系相关负责人获取。此外，我们也通过上海软科教育信息咨询有限公司开发的软科网站查询生态学专业和学科排名分值。同时，也通过艾瑞深校友会网站查询专业排名信息。

2.2 数据整理

依据从软科网站获取的数据，我们按照专业排名对不同大学进行排序，然后获得不同大学生态学专业本科排名的分值。同时,我们也将从艾瑞深校友会网获取的专业排名进行排序。为了利于后续的统计,我们也对从软科网站获得的生态学学科排名总分值进行排序。

通过仔细阅读多所高校生态学专业的培养方案,获得总学分、专业必修课程学分、专业选修课程学分和实践教学课程学分等数据。专业必修课程主要包括专业基础课和主干课,也包括专业通识教育课程(数学、物理和化学等),但不包括思政、外语、军事技术和劳动等通识课程。依据生态学专业培养方案各个部分的学分,我们计算了专业必修课程占比、专业选修课程占比和实践教学课程占比。通过这些占比,可以很好地反映每所高校生态学专业培养方案的基本组成和构成。

2.3 统计分析

首先,将获得的变量通过 Shapiro-Wilk 正态性检验,结果表明除了生态学学科排名总分值外,其他变量均呈正态分布($P>0.05$)。生态学学科排名总分值经对数转化之后,再次通过正态性检验并用于后续的统计分析。首先,通过皮尔森相关分析确定软科网站的排名分值与艾瑞深校友会网站的生态学专业排名之间的关系。其次,为了研究生态学专业培养方案对其专业排名的影响,多元线性回归模型被使用来分析生态学专业排名分值(因变量)与专业必修课程占比、专业选修课程占比、实践教学课程占比和总学分(自变量)之间的关系。最后,通过简单线性回归,我们检验了生态学专业排名分值和其学科排名总分值之间的关系。所有统计分析均在 R 软件 R3.5.2 版本中进行[11]。

3 结果

3.1 生态学专业本科培养方案组成特征

通过软科网站,我们一共收集到 31 所大学生态学本科专业排名分值及其学科排名分值。这些大学生态学专业排名分值均值为 41.79(28.8~58.9),学科排名总分值均值为 270.29(50~736)。依托艾瑞深校友会网站,我们收集到 23 所大学生态学专业的排名,排名依次为 1、3、4、9、13 和 23 几个等级。通过相关分析,我们发现软科网站的专业排名分值与艾瑞深校友会网站的排名显著负相关($r=-0.59$,$P=0.003$)。即专业排名分值越高,排名越靠前。

本研究,我们一共收集到 23 所大学生态学本科专业的完整培养方案,占具有生态学本科专业大学的 65% 左右。这些大学生态学本科专业的总学分均值为 157.93(145~180)。专业必修课程占比、专业选修课程占比和实践教学课程占比分别为 0.47±0.06、0.15±0.05 和 0.20±0.06。

3.2 生态学专业本科培养方案与其专业排名之间的关系

通过多元线性回归分析,我们发现仅总学分与生态学专业排名分值显著负相关($R^2=0.41$,$t=-4.04$,$P=0.007$)(图 1a),但是专业必修课程占比、专业选修课程占比、实践教学课程占比均与生态学专业排名分值无显著相关关系(见表 1)。

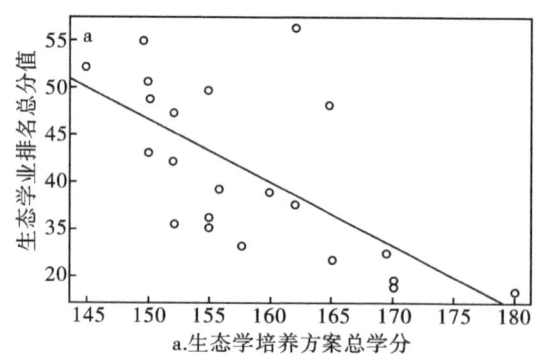
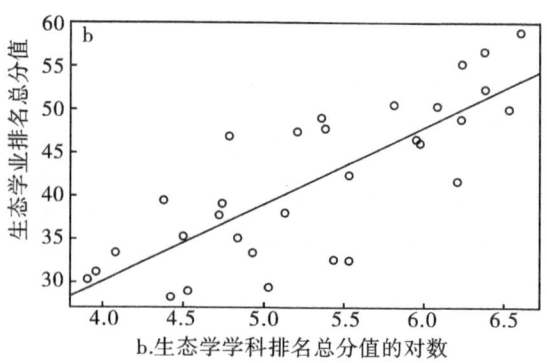

图 1 生态学专业排名总分值分别与其培养方案总学分(a)和学科排名总分值(b)之间的关系

表1 生态学专业排名分值与专业必修课程占比、专业选修课程占比、
实践教学课程占比和总学分之间的关系

变量	估计值	标准误	t 值	$P(>|t|)$
专业排名分值	130.87	32.19	4.06	0.0007
专业必修课程占比	26.12	25.92	1.02	0.319
专业选修课程占比	15.09	34.10	0.44	0.663
实践教学课程占比	30.42	28.26	1.08	0.29
总学分	−0.70	0.17	−4.04	0.0007

3.3 生态学学科与生态学专业发展之间的关系

通过简单线性回归，我们发现生态学专业排名分值和其学科排名总分值之间存现显著正相关关系（$R^2=0.62$, $t=7.03$, $P<0.001$，图1b）。即生态学学科总分值越高，生态学专业得分越高。

4 讨论

目前，很多机构依据各自的指标体系对高校专业进行排名。其中，软科网站的专业排名分值与艾瑞深校友会网站的专业排名社会认可度较高。本研究，我们发现软科网站的专业排名分值与艾瑞深校友会网站的专业排名显著负相关。即软科网站专业排名分值越高，艾瑞深校友会网站的专业排名越靠前。尽管软科和艾瑞深校友会使用的专业评价标准有所不同，但我们的结果表明2个机构的专门排名具有很好的科学性和良好的公信力，均可以用来真实地反映当前高校生态学本科专业的排名情况。当然，本研究并没有使用其他机构的排名来进行分析，并不对其排名的科学性和公信力进行判断。

高校生态学本科专业培养方案对其拔尖创新人才培养具有重要支撑作用，一直备受高等学校相关部门的高度重视[12]。本研究，在总学分、专业必修课程占比、专业选修课程占比、实践教学课程占比这4个指标中，我们发现仅总学分与生态学专业排名分值显著负相关（图1a和表1）。这意味着在满足生态学本科专业人才培养基础学分的基础上（本研究中最低值为145学分），学分并不是越多越好。我们认为以下3个原因可以用来解释这个结果。①在数据分析过程中，我们发现排名相对靠前的大学，生态学本科专业总学分相对越低，这给学生提供了选修其他专业课程的机会，拓宽了学生的知识面。②排名相对靠前的大学，大类招生和大类培养越普及，一定程度上压缩了每个专业的总学分。③尽管本研究中专业必修课程占比、专业选修课程占比、实践教学课程占比与生态学专业排名分值无显著关系，但这并不说明这些课程对拔尖创新人才培养不重要。由于专业排名受学校条件、学科支撑和专业生源都诸多因素的影响，它并不能完全反映高等学校生态学本科专业人才培养质量。此外，尽管近年来生态学本科专业总学分受到一定程度的压缩，但是实践教学课程占比越来越高，反映了高校面向生态文明建设需求，对学生实际解决生态学问题能力培养的重视。

本研究，我们发现生态学专业排名分值和其学科排名总分值之间显著正相关（图1b），这表明学科建设水平对其本科专业人才培养具有重要的支撑作用。①第五轮学科评估体系分为人才培养、师资队伍、科学研究和社会服务4个方面，学科排名越高，反映某学科在这4方面做得越好，尤其体现在师资队伍水平越高，因为师资队伍与人才培养、科学研究和社会服务密切相关[13]。因此，学科越强，师资队伍结构越合理，水平越高，将极大程度地提高本科生的人才培养质量。②尽管学科评估中人才培养主要针对研究生，但也一定程度上反映本科人才培养质量。③在国家大力推行双一流学科建设的背景下，学科排名已成为高考学子志愿填报时的重要参考指标。因此，学科越强，生源越好，从而提升了生态学本科专业培养质量。

除了本科专业培养方案,生态学本科专业排名还受到其他因素的影响,例如学校综合实力、地理位置、专业发展历史和排名的指标体系等。因此,不同高校生态学本科专业排名并不一定能全面反映其人才培养质量。将来,一方面,高校应该立足特色优势,加大对生态学学科建设的力度,通过学科建设来促进专业建设[5]。另一方面,生态学本科专业培养方案的制定,勿要盲目跟风,一定要面向国家生态文明建设的需求和立足学校专业发展实际情况,基于夯实专业基础理论和提高实际解决生态学问题能力的原则,最终聚焦于拔尖创新人才的培养。

参考文献

[1] Yan S, Wang L X. The main problem in the ecological environment of China and their countermeasures[J]. Forestry Studies in China, 2000, 2(2): 70-75.

[2] 张铨洲. 推进生态文明、建设美丽中国的理论研究[J]. 江南论坛, 2019, 4: 4-6.

[3] 教育部高等学校生物科学类专业教学指导委员会. 生物科学类专业教学质量国家标准(生态学专业)[J]. 高校生物学教学研究(电子版), 2018, 8: 3-10.

[4] Begon M, Townsend C R, Harper J L. 生态学——从个体到生态系统[M]. 李博,张大勇,王德华,译. 北京:高等教育出版社, 2016, 1-2.

[5] 王如松,胡聘. 弘扬生态文明深化学科建设[J]. 生态学报, 2009, 29: 1055-1067.

[6] 骆世明. 农业生态学(3版)[M]. 北京:中国农业出版社, 2017, 1-50.

[7] 朱凡,王光军,梁小翠,等. 基于人才培养对生态学本科专业实践教学改革的探讨[J]. 教育教学论坛, 2016, 14: 102-104.

[8] 陈桂葵,贺鸿志,黎华寿,等. 基于创新实践能力培养的实验课程体系构建——以华南农业大学特色专业生态学为例[J]. 高等农业教育, 2015, 3: 80-84.

[9] 吴则焰,林文雄,魏道智,等. 生态学创新型人才培养实践教学体系构建——以福建农林大学生态学专业为例[J]. 沈阳农业大学学报(社会科学版), 2016, 18: 204-207.

[10] 何磊,于明坚,丁平. 生态学研究型野外实习的设计与实践[J]. 生物学杂志, 2020, 37: 112-115.

[11] R Core Team. R: A language and environment for statistical computing[J]. R foundation for statistical computing, 2018.

[12] 章家恩,骆世明. 生态学专业"五位一体"建设模式的实践探索[J]. 生态科学, 2012, 31(4): 467-472.

[13] 邵兴江,潘娜瑛. 指标与方法视角下我国学科评估改革的新导向[J]. 黑龙江高教研究, 2022, 3: 119-125.

"互联网+"背景下大学生创业类实践课程探索

袁 帅[1]，陆瑞萌[2]

(1 上海理工大学 创新创业学院(公共实验中心)，上海 200093；
2 上海理工大学 管理学院，上海 200093)

摘 要：大学生创业类实践课程一般是面向全校本科生开放的综合素养类课程，旨在培养学生的创新创业意识，提升创新创业能力，推动实现更高质量的就业。为了弥补传统课堂教学的单一性、局限性问题，也为了更适用于"互联网+"背景下的人才培养模式，促进创业教育与专业教育相结合，推动新文科、新工科、新农科和新医科相结合，尝试对大学生创业类实践课程教学模式进行探索。在探索过程中，通过教师团队的重新组建、教学手段的更新、教学平台的建立以及学习成效评价标准的改进等，为学生可能的创业行为打好基础，培养更适应社会的创新型、创业型人才。

关键词：互联网+；大学生创业；创业实践课程

中图分类号：G420

Exploration of Entrepreneurship Practice Courses for College Students in the Context of "Internet+"

Yuan Shuai[1], Lu Ruimeng[2]

(1 School of Innovation and Entrepreneurship(Public Experimental Center), University of Shanghai for Science and Technology, Shanghai 200093, China；
2 School of Management, University of Shanghai for Science and Technology, Shanghai 200093, China)

Abstract: Entrepreneurship practice courses in college are generally comprehensive courses open to undergraduate students in the university aiming to cultivate and improve students' awareness and ability of innovation and entrepreneurship, which will help promote higher quality employment. In order to solve limitation of traditional classroom teaching, be more suitable for the talent training mode under the background of "Internet+", promote the combination of entrepreneurship education and disciplinary education, and promote the combination of new liberal arts, new engineering, new agriculture and new medicine, this paper attempts to explore the online and offline mixed teaching mode of entrepreneurship courses for college students. During the exploration, a new teaching mode focusing on restructuring the teacher team, updating teaching methods, establishing teaching platforms and improving learning result evaluation standards was put forward. This innovative model will build a

---

* **基金项目**："上海理工大学本科教学研究与改革项目"专项资助。

作者简介：袁帅，男，硕士，助理实验师，研究方向为创新创业教育。

good foundation for students' possible entrepreneurial behavior and effectively cultivate innovative and entrepreneurial talents who are more adaptable to the society.

Keywords:Internet+; college students' entrepreneurship; entrepreneurship practice course

深化高等学校创新创业教育改革,是国家实施创新驱动发展战略、促进经济提质增效升级的迫切需要,是推进高等教育综合改革、促进高校毕业生更高质量创业就业的重要举措[1]。在"互联网+"的背景下,由于科技的快速发展,很多传统的产业在消失,传统的工作也在消失,文凭再也不是工作的保证,越来越多的人无业可就,而未来会出现的新工作是难以预测的,因此我们需要培养创业型人才。对大学生开设创业类综合素养课程是高校培养创业型人才的一个有利抓手[2]。

2011年世界经济论坛将创业定义为"创业是将想法付诸行动的能力,因而是首要核心能力,使年轻人无论做什么都更有创造力和自信心。"因此,创业教育应区别于传统教育,需要从个体开始,以个体的优势和兴趣为导向,以实践教育方式培养学生创新创业的能力。

创业类实践课程的教学目标不是培养学生都去创业,而是采用先进的教学理念和教学方法着力培养学生的创新创业意识、创新创业精神和创新创业思维[3],在了解创业活动过程的内在规律以及创业项目自身特点的基础上,熟悉创业过程经常面临的问题和初创企业的管理模式,即使不选择自主创业,在各自的工作岗位上发挥好创新创业精神,从事"岗位创业"也是一种非常好的选择。

1 "互联网+"背景下创业类实践课程的特点

1.1 教学更加个性化

创业教育课程覆盖了全校所有的本科专业,不同的专业背景与"互联网+"结合可以衍生出多种个性化的创新。例如"互联网+"便捷交通,提升交通基础设施、运输工具、运行信息的互联网化水平,创新便捷化交通运输服务;"互联网+"现代农业,构建依托互联网的新型农业生产经营体系,发展精准化生产方式,培育多样化网络化服务模式[4]。

1.2 教育更加均衡化

习近平曾提出建设"人人皆学、处处能学、时时可学"的学习型社会,当今世界,科技进步日新月异,互联网、云计算、大数据等现代信息技术深刻改变着人类的思维、生产、生活、学习方式。高校也掀起了一股在线教育的浪潮,催生出了像慕课、翻转课堂、微课和微视频等新的线上教学方式,以及中国大学MOOC、智慧树、超星、百度传课、腾讯课程、网易云课程等线上教学平台[5-6]。教师和学生可以选择更适合自己的高质量教学资源,有助于推动教育的公平,形成更大范围的学习共同体,为教育改革发展提供思考空间和探索空间。

1.3 管理更加精细化

在大数据分析的发展下,在线学习平台能够通过记录学生学习的轨迹来分析学生的学习进度和对基本知识点的掌握情况。老师可以通过大数据分析来安排线下课程的讲授重点。学生可以不受时间、空间的约束,在线上教学平台上随时随地交流自己的问题,分享学习体会,共享学习资源。

2 "互联网+"背景下创业类实践课程的探索

按照传统的思维方式,我们需要培养学生的创业能力,就在课程里面添加创业学基本概念。但是,"互联网+"时代下的创业教育不能是在现有教育的基础上或者按照现有教育的套路加上新的课程和活动,而是教育的彻底转型,是范式的转变。也就是说需要做到所有教育都是创新创业教育,创新创业贯穿教育的每一个环节,这要求我们重新定义课程、教法、教育教学目标和评估,打破流水线式的教育模式[7]。

2.1 组建多元化教学团队

针对大学生创业类实践课程,在校内建立一支创新创业理论扎实的师资队伍。团队教师需要善于运用多种教学手段培养学生的创新思维,引导学生突破思维定式,从不同角度分析问题,揭示问题的本质和进一步的探索方向;能熟悉多行业的发展,针对不同专业的学生探讨未来发展趋势,切实提高学生的创新创业能力[8]。同时,利用"互联网+"资源聘任来自社会各行业的企业家、创业导师等。来自企业的老师有很强的实战经验,能够针对创业实践中遇到的实际问题借助案例教学的形式开展,把创业理论升华,为学生提供实质性帮助。学生也可以进入到企业导师的公司进行交流学习,更大程度地激发自己的创业潜力。

2.2 采用案例分析教学模式

针对上课人数多、专业背景复杂的创业类实践课,采用案例分析教学方法,可以营造生动活泼的课堂环境,极大地激发学生学习知识的积极性,效果显著。

课程选取学生熟悉的产品作为案例,例如共享单车、美团网等,使用通俗易懂的知识体系、更具实践性的操作来教学。让学生了解创业管理的基本原理、基本技能和方法,深入浅出地重点讲解包括项目甄别、项目合伙人、项目融资、运营管理、组织架构、财务管理等重要知识点。

案例的选取还应聚焦于"互联网+"背景下不同领域的高新技术,诸如人工智能、芯片、区块链等技术,引导学生在课堂上对高新技术出现之后商业模式和企业组织形式的变化进行深度研讨。

除此之外,还可以选取一些具有代表性的失败创业案例,帮助学生认识到创业的困难,总结失败者的经验教训,为未来的创业打好基础。

2.3 采用分组式教学模式

创业类实践课作为综合素养类课程,选课学生往往来自全校各个专业,人数也较多。分组式教学不仅可以让每个学生都参与到课程中,学生也可以根据自己的专业背景和兴趣爱好预设一个创业情境,使得拥有相同兴趣并且能力互补的同学自由组成创业小组。教师设定一些需要小组合作解决的问题,把主动权交给学生,让学生有一个明确的目标,以探索问题的解决方法来驱动和维持学习的兴趣和动机。

与此同时,教师可以作为参与小组讨论的一员,也可作为课堂讨论的支持者、服务者、引导者,进而为师生就不同观点展开对话交流提供有力保障。

2.4 建立实战教学平台

2.4.1 创业模拟平台

基于"互联网+"模式,运用模拟仿真的信息技术,结合创业决策的理论,设计研发大学生创业模拟平台。模拟系统可以提供各种市场信息,分析市场经济形势,结合公司自身情况进行公司决策,通过录用决策信息指定决策方案,提交后可自动测算公司的经营成果,通过成果数据的分析可进行方案的调整,再进行调整预算,并对决策结果进行模拟计算,用户可以查看决策结果和评价[9]。将模拟平台用于创业实践课程的学习中,能够做到理论结合实际,得到了实践经验和体会,学习效果事半功倍。

2.4.2 社会资源整合平台

搭建"企业—高校—社会"三方平台,为优秀的项目提供一个更加广阔的展示平台,让更多的校友企业、合作企业看到,也为正在学习中的同学提供优秀案例。

同时,平台也起到了师生之间沟通桥梁的作用,项目的导师不再局限于上课教师,项目的成员也不局限于在同一时间上课的同学,为进一步培养优秀的创新创业人才和孵化项目提供广泛的人才库。

2.5 改革学习成效评价方式

创业类实践课程学生学习成效的评价方式需要从"老师教了什么"过渡到"学生学到了什么"[10],以学生为中心。对教学目标完成情况的考核也不再是学生对相关概念和知识的掌握,而是注重于学生创新创业能力的提升。对于大学生创业类实践课程,在期末考核部分增加对学生商业计划书的撰写情况、创业项目的路演情况以及参加"创新创业项目""创新创业竞赛"情况的考核。采用这种考核方式,一方面可以检测学生是否达成教学目标,另一方面可以为学生参与各类创新创业项目、创新创业竞赛等做准备,增强学生参加创新创业活动的能力。

3 结语

中国教育的现在就是中国经济的未来,今天培养的人才决定着未来的社会形态。在"互联网+"的时代背景下,科技的发展给创业教育带来了更多的可能性。不仅可以为学生提供更丰富的课程资源,并且可以根据自己的专业和兴趣定制学习内容。为了完善大学生创业类实践课程的教学模式,可以建立多元化"校内+企业"教师团队,可以采用案例分析、分组教学等多种教学手段,可以建立理论联系实际的实战教学平台,可以改革针对创业类实践课程的成效评价方式,把以传授知识为主的教授方式变为以思想碰撞为主的互动式教学方式,让学生学会主动发现有价值的问题,懂得如何将问题变为机遇,在学习的过程中树立正确的创新创业意识,激发创新创业热情,增强创新创业能力。

参考文献

[1] 杨希,张晓楠.国务院:全面部署深化高校创新创业教育改革工作[J].陕西教育:高教版,2015(7):34-34.

[2] 吴郁芬.高校进阶式创新创业教育的实施策略[J].职业教育,2019,8(2):79-85.

[3] 甄勇,毛波杰,唐植."双一流"高校创新创业教育的现实问题与展望[J].高校后勤研究,2021.

[4] 陈一明."互联网+"时代课程教学环境与教学模式研究[J].教育研究参考资料,2016:9.

[5] 薛成龙,郭瀛霞.高校线上教学改革转向及应对策略[J].华东师范大学学报(教育科学版),2020,38(7):65.

[6] 吴岩.应对危机 化危为机 主动求变 做好在线教学国际平台及课程资源建设[J].中国大学教学,2020,4:4-16.

[7] 刘勇.人工智能驱使下的教师传统角色的转变[J].佳木斯职业学院学报,2018.

[8] 王占仁."广谱式"创新创业教育的体系架构与理论价值[J].教育研究,2015,5:56-63.

[9] 韦蕊.基于"互联网+"的大学生创业模拟平台的设计[J].自动化技术与应用,2017,36(5):26-28.

[10] 王洪才,郑雅倩.大学生创新创业能力测量及发展特征研究[J].华中师范大学学报(人文社会科学版),2022,61(3):155-165.

以提升本科生实验操作能力为目标的实验课考核方式改革*

叶 群，刘淑娟，苗绪红，魏凤江

（天津医科大学 基础医学院 遗传学系，天津 300070）

摘 要：为提高医学细胞生物学实验课的教学质量，强化学生的动手能力，培养学生的综合素质。对医学细胞生物学实验课考核方式进行改革，并且对改革前后学生的各项实验课成绩和实验课教学满意度进行比较。实验课考核方式改革前后课堂平时成绩差别无统计学意义（$t=-0.482, P=0.633$），实验课考核改革后学生的实验课考试成绩、实验报告成绩和实验课最终成绩均高于改革之前，t 值和 P 值分别为 -3.806 和 0.001、-2.993 和 0.005、-2.338 和 0.025。对实验组与对照组进行教学满意度调查，2组教学满意度分值比较差别具有统计学意义（$t=3.956, P=0.000$），实验组学生的教学满意度高于对照组。实验课考核方式改革后可以提升学生对实验课的重视程度，促进学生主动学习地积极性，明显提高学生实验课的考核成绩，同时也可以提升学生对实验课的教学满意度，值得推广运用。

关键词：医学细胞生物学；实验教学；教学改革；教学满意度

中图分类号：G642

The Reform of the Examination Method to Improve the Experimental Operation Ability of Undergraduates in the Experimental Course

Ye Qun, Liu Shujuan, Miao Xuhong, Wei Fengjiang*

(Department of Genetics, College of Basic Medical Sciences, Tianjin Medical University, Tianjin, 300070)

Abstract: To improve the teaching quality of experimental course of Medical Cell Biology, promoting students' practical ability and training students' comprehensive quality. Reform the examination method of experimental course in Medical Cell Biology, and compare the results of various experimental results and satisfaction of teaching effect. The results shows that there was no statistical significance in the difference of classroom performance ($t=-0.482, P=0.633$). The test scores, report scores and final scores of experimental courses were all higher than those before the reform, t value and P value were -3.806 and 0.001, -2.993 and 0.005, -2.338 and 0.025, respectively. The difference between experimental group and control group was statistically significant ($t=3.956, P=0.000$). The teaching satisfaction of the experimental group was higher than that of the control group. The reform

---

* 基金项目：中国博士后科学基金面上项目（项目编号：2016M601273）。

作者简介：叶群，女，在读研究生，研究方向为群体遗传学；魏凤江，男，高级实验师，研究方向为实验室管理与安全。

of the examination method in the experimental course could enhance the students' attention to the experimental course, promote the students' initiative in learning, improve the examination results of experimental courses, which was worth of promotion and application.

Keywords: medical cell biology; experimental teaching; teaching reform; satisfaction of teaching effect

21世纪是生命科学的世纪,而细胞生物学是一门诺贝尔奖层出不穷的学科,同时也是21世纪自然科学五大前沿学科之一。医学细胞生物学又是一门实验操作性极强的学科,而实验教学正是此门课程教学工作的重要组成部分。我国的《高等教育法》已明确提出:"高等教育的重要任务是要培养具备创新精神与实践能力的高级专门人才[1]。"新时代高校实验教学改革以培养"发现问题、创设问题、获取知识和方法、解决问题"的综合能力为目标[2]。该研究为充分调动学生对实验课学习的积极性和主动性,提高学生的科研和创新能力,对医学细胞生物学实验课考核体系进行改革,使其能够更全面、更公正地反映每一个学生的实验成绩和水平。

1 资料来源与方法

1.1 调查对象

按照实验课最终是否进行操作考试分为实验组和对照组,实验组的学生实验课考试加入现场实验操作共计57人,对照组的学生实验课考试方式不含现场实验操作考核共计120人,试验组和对照组的实验课均由同一名授课老师授课。

1.2 实验课操作考试

此次实验课考核方式改革为在实验课最终成绩中加入了实验操作成绩,经过学系老师的开会讨论和对试验操作项目的可行性分析,具体的实验课操作考试内容分为3项:①人口腔上皮细胞制备和观察;②蟾蜍血涂片制备和观察;③蟾蜍精子标本的制备和观察。每一项实验操作经过本学系授课教师讨论制定一个详细的评分标准,总分值为100分。实验操作考试时每一位同学抽取一项操作考试的内容,进入到实验室中进行现场实验操作,每一位监考老师会根据参加实验课操作考试的学生实际操作情况以及实验的结果根据评分标准进行扣分,最后给出实验操作考试成绩,如第②项实验操作考试的具体给分标准如表1所示。

1.3 教学满意度评价

根据研究自行编制"医学细胞生物学实验课教学效果调查"问卷,对实验组和对照组的学生进行教学满意度调查,调查内容包括学生对实验课的课程满意度、对授课教师教学满意度和学生对自己在本实验课的表现满意度3个方面。调查问卷共计16小题,每个小题有5个选项,分别赋值为1~5分,最后计算满意度分值(16~80分),分值越高代表满意度越好。对此调查表的信度和效度进行分析,问卷信度分析克隆巴赫α系数为0.89,主成分分析方差累积贡献率为91%,调查表的信度与效度均符合调查要求。

1.4 统计分析

应用Epidata 2.0建立数据库,数据分析采用SPSS 22.0统计软件包,计量资料先进性正态性检验,经过检验本文中的计量资料满足正态性分布,对数据的统计描述采用均数±标准差($\bar{x}\pm s$),2组间比较采用独立样本的t检验,计数资料统计描述采用构成比,2组间比较采用χ^2检验。检验水准$\alpha=0.05$。

表 1 蟾蜍血涂片的制备和观察(100 分)

步骤	扣分标准	扣分
考前准备 (10 分)	(1)考前检查材料实验用具是否完好、齐全,在考试过程中示意老师要东西。	5
	(2)桌面放置除试验用具以外的东西。	5
取材及制片 (35 分)	(1)未将 2 张载玻片擦拭干净。	5
	(2)未将蟾蜍血滴在载玻片偏一端。	5
	(3)推片与载玻片之间未成 30~45°角。	5
	(4)未将推片斜置于血滴前缘,使血液沿玻片端展开呈线状。	5
	(5)未一次推成,来回涂抹。	10
	(6)未晾干就观察。	5
镜检(20 分)	(1)取显微镜姿势不规范及放置位置不合理。	5
	(2)观察时未按从低倍到高倍顺序,且使用高倍镜时,用粗螺旋。	10
	(3)光线过亮。	5
实验结果(25 分)	(1)血涂片血液分布不均匀,两侧没有空隙。	10
	(2)细胞分布不均匀,过厚或过薄。	15
实验结束(10 分)	(1)未清洗器具、清洁桌面及清点实验材料并摆放整齐。	5
	(2)收显微镜前,未规范操作(将光源调到最小、关闭开关、下降载物台、将物镜镜头调成"八"字形),并未将显微镜送回原处。	5

2 结 果

2.1 基本情况

本文按照学生的实验课考核方式分为 2 组,对照组和实验组。对照组同学年龄为(20.54 ± 1.21)岁,男同学 48 人,女同学 72 人;实验组同学年龄为(20.25 ± 1.09)岁,男同学 20 人,女同学 37 人。对照组与实验组性别构成比较差别无统计学意义($\chi^2=0.394, P=0.530$),年龄比较差别无统计学意义($t=1.465, P=0.145$)。

2.2 实验课考核方式改革前后学生实验课成绩比较

实验课考核方式改革前实验成绩包括 3 项:课堂平时成绩、实验课理论考试成绩和实验报告成绩,3 项考核在最终的实验课综合成绩中分别占 20%、40%、40%。改革后实验课的成绩包括 4 部分:课堂平时成绩、实验课理论考试成绩、实验报告成绩和实验操作成绩,每一项在最终的实验课综合成绩中所占比例为 20%、25%、25%、30%。对实验课考核方式改革前后课堂平时成绩、实验课考试成绩、实验报告成绩和实验课综合成绩比较结果显示,实验课考核改革前后课堂平时成绩差别无统计学意义($t=-1.159, P=0.248$),改革前后实验课考试成绩、实验报告成绩和实验课综合成绩差别均具有统计学意义(P 值均小于 0.05),改革后 3 项的成绩均值均高于改革之前,结果表明进行实验课考核方式改革后可以促进学生对实验课的重视程度,可以提高学生实验课的考核成绩,具体比较结果详见表 2。

2.3 实验课考核方式改革教学效果评价

对实验组与对照组进行教学满意度调查,2 组教学满意度分值比较差别具有统计学意义($t=3.956, P=0.000$),实验组学生的教学满意度高于对照组,见表 3。结果表明实验考核加入实验操作的考核方式可以提高学生对实验课教学效果的满意度评价。调查问卷中"你是否赞同对实验课考核方式进行改革"的调查题目,对照组中选择非常赞同和比较赞同的比例为 90%,而在实验组中选择非常赞同和比较赞同的比例为 92%。在实验组中"你是否赞同实验考核加入实验操作考核方式"的调查题目选择非常赞同和比较赞同的比例为 97%。以上结果表明对实验考核方式进行改革是具有一定的学生基础,学生也是比较支持在实验考核中增加实验操作此项考核方式。

表 2 实验考核改革前后学生成绩比较

	改革前	改革后	t 值	P 值
课堂平时成绩	89.25±5.65	90.05±4.70	−1.159	0.248
实验课理论考试成绩	87.26±4.65	91.70±2.30	−6.816	0.000
实验报告成绩	91.37±4.03	94.25±1.48	−5.224	0.000
实验操作成绩	—	89.60±5.24	—	—
实验课综合成绩	89.58±3.32	91.70±2.27	−4.358	0.000

表 3 实验组与对照组教学满意度比较

	满意度分值	t 值	P 值
实验组	72.25±6.65	3.956	0.000
对照组	68.56±5.35		

3 讨论

实验教学是高等教学中的一个重要环节,它对于创新教学理念,将理论转化为实践有着重要作用[3]。实验教学也是基础医学教学中的重要组成部分,是新一轮高等教育质量工程中教学改革的重点和热点[4]。而医学细胞生物学更是一门实验性很高的学科,实验课的教学在该学科的教学工作中占据着重要的地位。我们学系承担着学校临床、护理、检验等本科生的细胞生物学的授课任务,开设本门课程的一些专业是大一新生,细胞生物学实验课是学生入校后的接触较早的与医学有关的实验课,我们应该更好的引发学生的好奇心和对新知识的渴望。

细胞生物学的理论学习与实验操作是相辅相成、相互促进的 2 个环节,学生通过实验操作可以加深对理论知识的理解并提高学习兴趣[5],而实验考核制度是否合理直接关系到学生对实验课的重视程度和实验效果。实验课考核增加实验操作,使学生独自完成一个完整的实验操作过程,包括前期实验用品的准备,这样不仅让学生更好地经历了完整的实验过程,更好地了解和掌握考核试验的实验原理,而且还可以学习很多新的实验技能,在操作中不断思考,无形中加强和巩固了已学的知识[6]。为此,该文对实验课考核体系进行改革,在实验考核方式中新增了实验操作的考核项目,结果也表明改革后实验课考试成绩、实验报告成绩和实验课综合成绩均值均高于改革之前,通过这种方法来综合评定成绩,可以提高学生实验课的考核成绩,学生对实验部分重视程度有所提高。同时,此项实验考核方式的改革可以增加学生对实验课的教学满意度,在实验组中"你是否赞同实验考核加入实验操作考核方式"的调查题目选择非常赞同和比较赞同的比例为 97%,说明学生是比较支持对实验课考核方式进行完善和改革。当代大学生应该是具有较强的科研创新意识、较好的自主学习能力以及较高的实践动手水平的优秀人才[7],由于医学专业的特殊性,有很大一部分本科生毕业之后要继续攻读研究生,继续从事科学研究,这就对医学生的自身素质提出了更高的要求,那么掌握扎实的实验操作技能也就成为医学专业学生必备的基本功,而实验教学对学生的科学素质的培养所起的作用其他教学活动无法替代。

通过实验操作考核授课教师可以更加真实地了解到每一位学生对细胞生物学实验课掌握的真实程

度和所存在的问题。由于实验室条件的限制,实验课一般都是以小组的形式开展,在课上不可能保证每一位同学都有动手操作的机会,而且如果出现没有作出实验结果的情况也很难去查找具体的原因,使学生失去一个动脑思考的机会。而在实验课考核过程中增加实验操作的考核方式,一方面学生失去了依赖性,整个实验只能通过个人来独立完成,另一方面,学生在准备操作考试的过程中就会主动地去思考每一步操作的目的和意义,无形当中就提高了实验课的学习效果。通过学生们的实验操作,老师从中也可以发现学生存在的普遍问题,更加了解授课面对的学生具有的真实实验水平以及对实验课涉及的理论和操作内容接受的程度,及时发现问题并在今后的授课过程中有针对性进行思考并做出有利的调整,这也是对教师的一个促进和提高。由此可见,增加实验操作考核对学生和老师是一个双赢的实验课改革。

实验教学是创新创业人才培养的重要方式,是将理论转化为创新创业思想和能力的必经途径。相关调查结果显示 67.9% 的人认为实验课不能培养解决问题的能力,52.8% 的人认为实验课不能很好地培养创新思维[8]。为了全面提升大学生的创新应用能力,我们学系也开设了很多的第二课堂,比如开放实验室,鼓励有精力和时间的本科生进入学系的实验室参加课题研究。学系的老师指导本科生申请大创项目,现在学系老师已经指导本科生获得多项国家级、省级和校级的大学生创新项目。同时,学系的老师也积极指导学生参加"挑战杯"及创业设计类竞赛等。通过以上各种形式的针对实验课方面的教学改革,即满足了学生的科研兴趣,也培养了学生的科研素质,为培育创新型人才提供了科研环境。

该文章进行实验课考核方式改革后,虽然大大增加了授课教师的工作量,但新考核体系增强了学生参与实验的热情,促进了实验教学质量的提高。深化实验教学改革,全面提升学生的创新能力不是一朝一夕就能实现,在今后的教学中,我们将继续努力实践,积极进行教学改革,为培养高素质人才服务。

参考文献

[1] 董秀,王淳,王梅,等.细胞生物学实验课创新能力培养的实践与思考[J].基础医学教育,2018,20(11):979-980.
[2] 高东锋.信息化时代高校实验教学改革的要求、思路与路径[J].中国高教研究,2018,(4):93-96.
[3] 潘薇.加强实验教学督导完善高校教学质量监控体系[J].高教学刊,2016,(16):185-186.
[4] 宋峰,李颖,弓辉,等.新时代高等医学院校基础医学实验教师队伍建设探索[J].医学教育研究与实践,2019,27(2):274-277.
[5] 钟伏弟.提高医学细胞生物学实验教学效果的探索[J].中国医药指南,2018,16(15):294-295.
[6] 齐迎春,谢婷婷,邹玉兰,等."细胞生物学"实验技能竞赛设计及分析.河北农业大学学报(农林教育版)[J].2015,17(5):72-74.
[7] 郑皓,景嘉楠,董慧,等.创新医学细胞生物学实验课的探讨[J].高教学刊,2018(2):27-32.
[8] 李超.基础医学实验课中培养学生创新思维能力初探[J].吉林医学,2018,39(3):599-600.

电机学实验教学改革与探索
——以"直流并励电动机"为例*

刘　豪[1]，牛姿懿[1]，宋亚凯[1]，柏春岚[2]

(1 河南城建学院 电气与控制工程学院，河南 平顶山 467036；
2 河南城建学院 测绘与城市空间信息学院，河南 平顶山 467036)

摘　要：为了提高学生实验操作能力和理论应用于实践，增强学生学习能力和创新能力以及适应时代发展要求，需要学校在新工科和新时代背景下进行教育教学改革。由于电机学抽象而难懂，提出从注重细节，培养学习兴趣和创新思维；融入思政，培养学生求实创新和奋发图强精神；重视错误，加深学习理解和效果；课堂互动，改善师生关系和气氛方面进行电机学实验教学改革，并结合直流并励电动机实验案例分析。通过电机学实验教学实践验证了该课程实验教学改革的必然性和重要性。

关键词：实验教学；改革与探索；直流并励电动机；课程思政；电机学

中图分类号：G642.0

Experimental Teaching Reform and Exploration of Electrical Machinery: Taking "DC Shunt Motor" as an Example

Liu Hao[1], Niu Ziyi[1], Song Yakai[1], Bai Chunlan[2]

(1 School of Electrical and Control Engineering, Henan University of Urban Construction, Pingdingshan 467036, Henan, China;
2 School of Surveying and Urban Spatical Information, Henan University of Urban Construction, Pingdingshan 467036, Henan, China)

Abstract: In order to improve experimental operation ability and theory application practice of students, and enhance learning ability and innovation ability of students, and adapt the developmental requirements of the times, and it needs to carry out education and teaching reform under the background of new engineering and new era. This paper mainly proposes the electrical machinery on experimental teaching practice case analysis, including pay attention to details, develop interest in learning and innovative thinking; Integrate ideological and po-

---

* 基金项目：河南城建学院课程思政示范课程项目，电机学；河南省教育科学规划项目，新工科背景下电气专业基于产学研合作协同育人的人才培养模式研究(项目编号：2022YB0346)；教育部高等教育司产学合作协同育人项目，基于电力电子实训系统(固纬 PTS 系列)的电机学教学实验设计(项目编号：202101125001)；河南省高等学校重点科研项目，新型复合转子耦合双定子模块化永磁风力发电机的关键问题研究(项目编号：22A470004)。

作者简介：刘豪，男，讲师，研究方向为特种电机设计及其控制系统、风力发电机及其控制系统。

litical thinking, cultivating students' realistic, innovative and enterprising spirit; pay attention to mistakes, deepen learning and understanding and effect; classroom interaction, improving the teacher-student relationship and atmosphere due to the abstraction and difficult of the electrical machinery, and combined with DC shunt motor experimental case analysis. Through the experimental teaching practice, it verifies the inevitability and importance of the experimental teaching reform in the electrical machinery.

Keywords: experimental teaching; reform and exploration; DC shunt motor; curriculum ideology and politics; electrical machinery

1 引言

实验教学是高校实践环节的重要组成部分,也是坚持OBE教育理念不可缺少的环节。该教学环节不仅是培养学生操作动手能力的基础、培养学生未来走向社会步入工作的引领,而且也是检验教师教学质量的重要环节之一,这就要求教育方式转变,形成以学生为主导、教师为引导的实践教学改革,积极推行产学研用一体化教学模式[1-4]。在新工科和新时代背景下,结合国家发展的需求;同时结合地区经济的发展需要和高校对人才培养的定位要求,修改并完善人才培养方案势在必行,采取产教融合、协同育人的人才培养方法,其中"教"与"产"相结合,教不仅仅是理论教学,而且理论实践也非常重要,尤其是实验,它较接近于产。因此,我校在人才培养方案中已在毕业要求第四条中明确规定培养学生根据自己专业培养方向,课程学习,能够根据实验方案,操作实验设备和仪器开展实验,正确地采集实验数据,对实验结果进行分析和解释,并通过信息综合得到合理有效的结论;同时要求兄弟院校相关人员和企业专家参与实验教学大纲撰写,并融入课程思政。这凸显出实验教学的重要性,它不仅反映教师的教学实践水平、经验积累和实际操作能力,而且还能反映学生的学习质量、学习效果、实际动手能力、问题分析和总结,甚至还影响学生创新意识和创新思维[5-8]。因此,实验教学受到高校非常重视,也受到社会各界的广泛关注和重视。

2 实验教学改革与探索

实验教学是人才培养方案中实践环节的重要组成部分,受到高校和企业非常重视。但是,实际实验教学过程中依然有部分课程存在实验成功率低、仪器操作不当、问题分析不清晰等现象,这需要实验教学要从实验细节、课堂互动和实验重视方面进行改革。

2.1 注重细节,培养学习兴趣和创新思维

实验教学不仅要培养学生的动手能力,还要培养学生的兴趣和创新思维。培养学生的动手能力是最基本的教学目的;对于高校学生,不能局限于动手操作能力,更重要的是培养学习兴趣和创新思维。创新思维的培养,需要由点到滴、由小到大整体考虑,而作为学生个体,从整体考虑较难,但是从某一点培养创新思维较容易实现。因此,在实验教学过程中,要注重细节。

直流并励电动机实验过程主要包括课前准备、授课内容、现场演示、实验数据分析和实验总结。课前准备以指导老师实验课件制作、动手操作实验、实验现象记录、数据分析和实验总结为重要内容,同时给学生发布实验任务,要求学生提前预习实验内容、撰写好实验预习报告等相关工作;课堂实验主要以授课、现场演示、师生互动和交流以及实验总结为教学内容。

课堂实验的教学过程中,首先检查学生的实验预习报告;然后播放课件,同时讲述直流并励电动机实验的重点和难点、实验的目的和要求以及实验中需要注意的事项。对于直流并励电动机主要研究该电动机的工作特性、机械特性与调速特性,其实验接线原理图如图 1 所示。基于直流并励电动机的实验原理图,回顾、搭建和分析该电动机实验相关内容,具体如下:

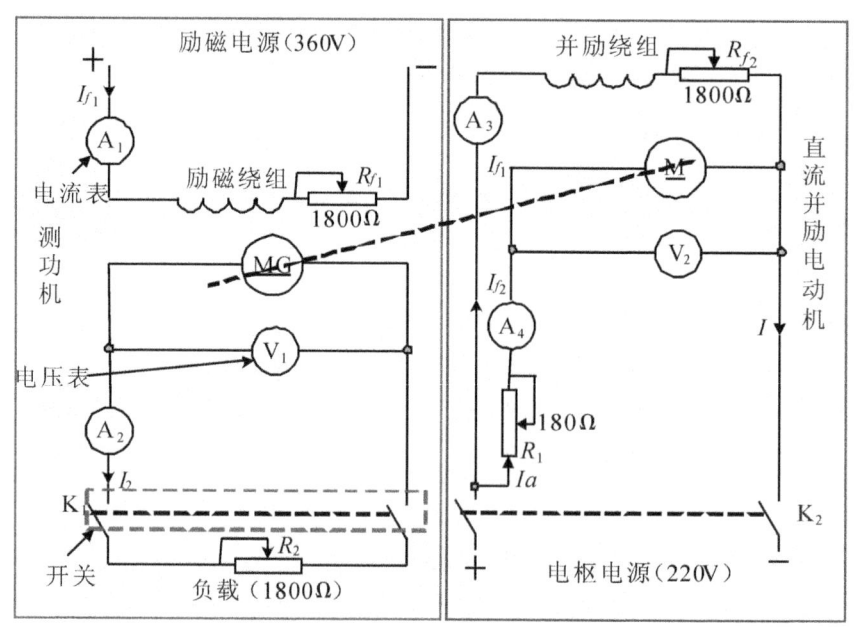

图 1 直流并励电动机实验原理图

(1)回顾基础知识

基于电动机实验的原理图,让学生回顾电源极性、基尔霍夫定律、回路方程等相关的知识;结合理论教学通过对直流电机的工作原理和基本结构、电压方程和电流方程、运行特性和调速等知识的学习,讲述该电动机实验的目的和内容,并融入工程实践案例和思政元素。在此基础上,强调操作规范和实验安全,尤其实验加压注意事项。学生通过实验相关知识的回顾和了解,加深对所学知识的理解和记忆,提高学习电机学的动力和兴趣,为实现产教融合奠定基础。

(2)搭建实验平台

1)准备工作

基于电动机实验原理图,检查实验设备是否齐全,并合理布置实验挂箱,减少或避免实验接线出现交叉,降低故障发生以及方便实验接线检查和故障排查。

2)设备检查与接线

①仪表检查。若正常,启动电源后所用数字电压表和电流表仪表指示灯发亮;否则仪表指示灯不亮,常见故障有仪表电源接线头接触不良、仪表损坏等。对于仪表电源接线头接触不良学生可以关断电源自行解决,但对于仪表损坏需要专门实验维修人员进行维修,而学生只需报告给实验指导老师,实验指导老师做好保修标记,然后给学生更换实验仪表。

②电源检查。首先调节直流电源逆时针旋到底,使直流电源输出电压为零;然后适当增压,检查电源是否异常。若正常,恢复电源初始状态,关断电源;否则,上报实验指导教师,并做好记录。

③实验接线。检查仪器、仪表正常之后,关断电源。在此基础上,按照实验预习报告中实验原理图接线,接线过程中,一名学生接线,一名学生监督,完成实验接线,其搭建实验平台如图 2 所示。

图 2　直流并励电动机实验

④实验检查。检查实验接线、直流电动机和测功机是否正常,这是实验环节中最重要的一环。检查中要求先加励磁,然后给直流电机电枢绕组加压逐渐从零升至 10 V 左右,观察仪表测试电压是否有读数,主要针对图 1 中直流电压表 2,若没有度数,停止实验,关掉电源,首先采用万用表检查每根导线,若导线电阻无穷大,更换导线;若导线电阻基本为零,然后检查直流电动机电枢绕组、电流表等,直到故障或不正常排查结束,一切正常之后,然后再增加电枢绕组电压,当电枢电压升至约 70～80 V,直流电动机旋转起来,检查测功机是否有输出电压,若没有,检查测功机励磁电源、仪表是否正常,直到故障或异常排查结束。

（3）实验结果分析

基于直流并励电动机实验平台,结合实验要求和实验内容,完成实验结果的测试。在实验过程中,对于实验过程中存在的问题,要求逐一记录下来;同时与实验指导老师互动交流,最后进行实验数据分析和计算。从中总结实验结果、规律和得失,并完成实验报告和准备实验答辩。这有助于学生新知探究、课堂实验反思和实验经验积累以及加深理论课程的学习,培养学生利用所学理论知识解决电气工程实际问题能力,提升学生创新能力和创新思维;同时也加强师生之间的互动和交流,提升实验指导老师实践环节的教学质量和教学水平。

2.2　融入思政,培养学生求实创新和奋发图强精神

实验教学不仅要注重培养科学技术人才,也要注重培养学生的求实创新、奋发图强、持之以恒、团结合作、担当使命以及爱国等精神素养。因此,在直流并励电动机实验中融入课程思政元素,具体如下:

（1）基于直流并励电动机的电压方程,讲述直流电阻（R）、电压（U）和电流（I）三者之间的关系,其表达式为

$$I = U/R \tag{1}$$

课堂上讲述欧姆定律的发展历史和产生的由来,并引入欧姆定律促进社会发展和进步,培养学生求实创新、奋发图强、坚忍不拔的精神。

（2）基于直流并励电动机的电流方程,其表达式为

$$I = I_{f2} - I_2 \tag{2}$$

式中,I_{f2} 表示励磁电流;I_2 负载电流。

课堂上讲述基尔霍夫定律是基尔霍夫大学阶段的科学成就,大学阶段正是人生观价值观培养的重

要阶段,抛出如何度过一个有价值的大学生涯这个问题供学生讨论,明确如何树立正确的价值观,教育学生珍惜大学时光,在有限的4年时间做出更多有意义有价值的事情,激发同学们奋发图强,改革创新,不甘落后的斗志。

2.3 重视错误,加深学习理解和效果

当学生在实验过程中易出现错误或烧损设备时,教师主动与学生互动和交流,多谈心,让学生消除犯错误的恐惧心理,重视错误的原因和过程。教师帮助学生分析该实验错误的原因和现象,正确引导和纠正学生错误的想法,使学生既重视错误又能很好的掌握实验方法、积累实践经验、理解实验注意事项,加深学生学习和理解,达到事半功倍的效果,并能够做到举一反三,培养学生能够适应应用型人才培养的要求,以及适应新时代和新工科背景下的社会发展对人才的需求。

直流并励电动机实验中,易出现仪表接错、仪表量程选择不当等问题。在实验过程中,连接的仪表较多,经常出现同学将部分电压表串联在电路中,而将部分电流表并联在电路中,虽然实验平台有故障报警系统,但有时实验故障报警系统没有动作,而变压器有烧损冒烟现象;还有些小的问题,学生对待仪表选错量程或忘记按下测量开关,如图3所示。这些问题要求老师合理引导学生,并与学生一起分析问题,查找原因。师生多互动和交流,可以减少实验

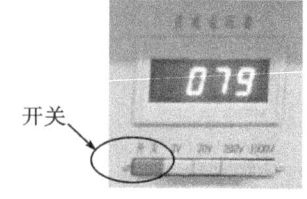

图3 测量仪表

错误和积累实践经验,达到事半功倍的效果,加深实验的理解和学习效果,同时也加深理论与实践相结合,提升教师实践教学能力和改善教学教法,使培养的学生符合新时代和新工科背景下社会发展对人才的需求。

2.4 课堂互动,改善师生关系和气氛

实验教学环节中除了重视教学之外,师生互动和交流也是非常重要的环节。学生在小组合作实验中,积极主动地参与探讨、敢于动手和合作互助,如图4所示,这有助于充分发挥以学生为中心,教师为引导者,提升学生对理论与实验知识的理解和学习,增强理论与实践相结合;培养学生敢于探索、敢于动手、勇于创新的能力,也改善了师生之间的关系和气氛,增强师生之间的信任和亲密感,促进实践教学的改革,增强了学生学习和探索新知识和认识新事物的积极性和主动性;同时也培养了学生的创新意识和创新思维,达到了事半功倍的效果和质量。

实验教学过程中,老师勤于与学生沟通和互动,师生共同分析实验中存在的问题和现象,既加深学生实践能力又能增强教师经验积累,达到师生互利互惠的效果。实验结束后,师生共同分析实验数据,结合理论课堂教学,让学生谈谈直流电机输入功率、输出功率以及效率等参数计算,并讨论工作特性、机械特性和调速特性曲线特点。在此基础上,总结直流并励电动机的实验方法、参数计算和分析方法、特性规律和特点,并验证实验结果与理论教学是否相吻合,这不仅增强学生学习的质量和效果;同时将理论与实践相结合,促进和调动学生学习电机学的积极性和主动性,增强师生的友谊,并改善教学方法和提高教学质量,同时也增强培养学生能够达到新工科和新时代背景下社会发展对专业技术人才的需求。

图4 团结合作

3 结语

本文以"直流并励电动机"实验为例,结合国家在新工科和新时代背景下对专业人才培养的要求,对该实验从注重细节,培养学习兴趣和创新思维;融入思政,培养学生求实创新和奋发图强精神;重视错误,加深学习理解和效果;课堂互动,改善师生关系和气氛方面进行实验教学改革。通过实验教学实践验证了实践教学改革的重要性和必然性。实践教学改革是一个不断探索、不断创新和不断发展的过程,在其过程中老师要发挥主观能动性,积极引领学生学习电机学的积极性和主动性,同时也开发实验教学资源,并融入课程思政元素,让学生将理论应用于实践,融合理论与实践相结合的教法,增强学生学习效果和质量,培养学生创新意识、创新思维以及求实创新和奋发图强精神等,既能改善师生关系,又能提高实验教学质量和效果以及促进实践教学改革。

参考文献

[1] 马建晓,刘伟."新工科"背景下控制电机课程教学改革问题探讨[J].中国电力教育,2020,11:91-93.
[2] 杜怿,孙宇新,潘伟,等.面向工程教育专业认证的电机学课程改革探索与实践[J].中国现代教育装备,2018(21):32-35.
[3] 李烽,张维煜.国家级一流本科专业建设背景下"电机学"课程教学改革探索[J].中国电力教育,2022(5):68-69.
[4] 刘豪,柏春岚.高校课堂教学改革与探索——以"电机学"课程为例[J].江苏科技信息,2022,39(9):65-68,74.
[5] 张蕊萍.电气工程"卓越计划班"电机学实训环节改革与实践[J].中国现代教育装备,2018(17):7-8,11.
[6] 杜怿,孙宇新,潘伟,等.面向工程教育专业认证的电机学课程改革探索与实践[J].中国现代教育装备,2018(21):32-35.
[7] 陈玲.基于"理工融合"理念的"电机学"课程教学的改革与实践[J].新课程研究,2017(10):42-44.
[8] 刁统山,张绍杰,臧家义,等.科教融合改革电机学课程实验教学[J].中国现代教育装备,2022(19):134-136,161.

课程思政建设背景下"实验室安全与管理"课程创新教学方法探索*

萨仁图雅,白哈达

(呼和浩特职业学院,内蒙古,呼和浩特,010051)

摘 要:"实验室安全与管理"课程是环境监测与控制技术、应用化工、食品工程、药品技术、生物工程等多个专业的核心课程。在深化课程思政建设,落实立德树人新时代教育改革和人才培养背景下,专业课和思政课有机融合建设课程思政有机体系,对教学方法提出了越来越高的要求。本文在"实验室安全与管理"课程中探索线上线下混合式教学、问题嵌入式教学建立思政指导思想引领的课程思政体系,将培养价值—知识—能力融为有机体的理想信念坚定的高素质应用型人才打好基石。

关键词:实验室安全与管理;课程思政;混合式;嵌入式;创新教学方法

中图分类号:G42

Exploration of Innovative Teaching Method of "Laboratory Safety and Management" Course under the Background of Ideological and Political Construction

Sarentuya, Hada Bai

(Hohhot Vocational College, Hohhot 010051, Inner Mongolia, China)

Abstract: Laboratory safety and management is a core course for Environmental Monitoring and Control Technology, Applied Chemistry, Food Engineering, Pharmaceutical Technology, and Biological Engineering Majors. Under the background of deepening the ideological and political construction of the curriculum, carrying out the educational reform and personnel training in the new era, the integration of professional and political courses to build the ideological and political organic system of the curriculum has put forward higher requirements for teaching methods. In the course of "Laboratory Safety and management", this paper explores online-offline hybrid teaching and problem-embedded teaching, and establishes a course ideological and political system guided by ideological and political guiding ideology.

Keywords: laboratory safety and management; course ideology and politics; hybrid; embedded; innovative teaching methods

"实验室安全与管理"是环境监测与控制技术专业、应用化工、食品工程、药品技术、生物工程等多个专业的核心课程。通过本课程的学习学生了解和掌握实验室管理的发展历史、实验室安全基础知识、危险化学品管理、生物安全管理、废弃物管理、意外事故处理、质量和资源管理等内容,培养学生的管理实

---

* **基金项目**:内蒙古自治区教育科学研究"十四五"规划2021年度课题,高职院校"实验室安全与管理"课程思政建设路径研究(项目编号:NZJGH2021067)。

作者简介:萨仁图雅,女,副教授,主要研究方向为课程思政、创新教学方法、催化剂材料等。

验的能力,深化学生对实验室安全意识的提升,掌握科学管理实验室的方法手段等,为培养实验室管理人才打好基础。习近平总书记在全国高校思想政治工作会议上强调:"高校思想政治工作关系高校培养什么样的人、如何培养人以及为谁培养人这个根本问题。要坚持把立德树人作为中心环节,把思想政治工作贯穿教育教学全过程,实现全程育人、全方位育人,努力开创我国高等教育事业发展新局面"。高校全面建设课程思政,落实立德树人,教育全方位人才,首先在教学方法上进行改革。网络信息化背景下,大学生的学习生活方式发生着巨大的变化,教学方法单一片面无法满足大学生的学习需求,同时存在教学理论与实践脱轨、思政和专业课融不到一起、教学效果差等一系列现实问题。为了能够顺应当代大学生自主多元化生活学习方式,教学方式需要改革和创新。正确合理的教学方式方法能够规范思想,指导思想去把握知识,培育德才兼备、全面发展的人才尤为重要。

本文根据"实验室安全与管理"课程特点,在常规教学方法的基础上探索了线上线下混合式教学、问题嵌入式教学等创新方法,通过教学方法的改革与创新将思想政治与专业课程有机融合,并实现专业与思政教育教学相统一,激发学生学习兴趣,提高学生自主学习的能力,培养创新精神,提高分析解决实际问题的能力,树立学生正确的人生观、价值观、生活观,培养学生家国情怀,培养有品德修养,有理想、有抱负的新一代社会主义建设者。

1 线上线下混合式教学

1.1 概念

线上线下混合式教学法是利用线上教学资源,与线下教学有机结合,教师和学生共同完成任务的教学方法。传统教学方法的优势和线上资源的优势结合起来,两者优势互补,从而获得更佳的教学效果,达到学生由浅到深地引向深度学习。

1.2 路径

线上线下混合式教学,首先是线上学生主动参与的过程;其次是线下加深知识的理解的过程;再次是总结查漏补缺过程;最后是达到更高级的教学目标的过程,有效的教学方法一定是顺应学生的学习规律,给予学生及时、准确地外部支持的活动。线上线下混合式教学路径如图1所示。

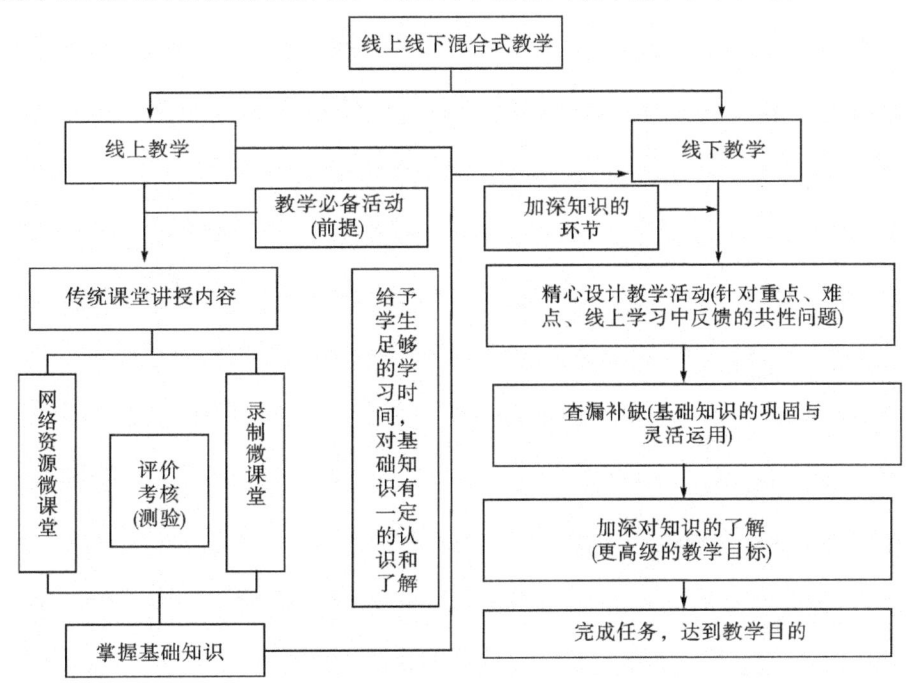

图1 线上线下混合式教学路径

1.3 实施过程

1. 线上线下教学内容的调整

线上线下混合式教学中线上上课是前提,课程内容整理后把传统的课堂(易理解的基础知识)讲授前移到线上,通过微课堂掌握和了解基础知识,学生有充足的时间去学习,做到每个学生都带着较好的基础知识走进线下课堂,从而保证线下课堂教学的效果。在线下课堂针对重点、难点、线上教学中反馈的共性问题,精心设计课堂活动,通过设计问题、演示、演练、实际操作等教学环节进一步巩固基础知识点的了解和实际中的运用。通过总结、查漏补缺,加深学生对知识的深入理解,实现更高级的教学目标。本课程根据教学大纲要求对教材内容进行了重新调整整理后共安排了6讲内容,分别是基础知识、实验室安全管理、实验室废弃物管理、实验室意外事故的预防及应急处理、质量资源管理、实验室安全、环境和健康评价等。线上教学利用优慕微课堂和自己录制的微课堂,线下教学在多功能多媒体教室、实验室进行。线上线下教学内容安排如表1所示。

表1 线上线下混合式教学方法实施过程

内容	线上教学（基础内容）	线下教学（重点、难点）	思政元素	效果评价
第一模块：基础知识	发展史、基本定义、基础知识	设计问题,小组讨论巩固基础内容,深入开展方法、技术的学习活动	融入历史发展过程,提高学生的认识观,真理观,影响学生的行为举止	线上自学和线下强化结合激发学生的学习兴趣和自主学习的能力,教学效果良好
第二模块：实验室安全管理	安全基础知识、危险化学品管理知识、生物安全基础知识	进入实验室实际操作掌握仪器设备的安全使用方法、危险化学品管理方法、生物安全方法、药品存放及管理方法等	融入法律知识、安全教育管理制度,提高学生的社会责任感、法治意识、制度意识	采用实验法,让每个学生积极参与到实验环节中,提高学习热情,教学效果良好,但还需要教学方法的优化
第三模块：实验室废弃物管理	废弃物的分类危害	化学、生物、放射性废弃物的管理和处置方法	融入绿色发展观,生态文明建设,提高学生的环保意识,牢固建立生态文明思想	采用演示法、小组讨论总结、辩论赛等形式,让学生积极主动参与课堂教与学活动中,提高学生的学习知识的热度,教学效果良好
第四模块：实验室意外事故的预防及应急处理方法	实验室意外事故的认识	实验室意外事故的预防方法、应急方案、处理方法	融入法律知识、管理办法、规章制度,提高学生法治意识,提高良好品德行为,提高家国情怀	采用演练法、案例分析方法,提高学生的应变能力,激发学生学习知识的主动性,积极性,提高分析和解决问题的能力,教学效果良好
第五模块：质量资源管理	认识实验室质量和资源管理概念、要求、意义、人员培训、考核等	质量控制和评价	融入严格管理制度,提高学生的法治意识,提高学生的社会责任感	采用设计问题法,开启头脑风暴,激发学生学习兴趣,引导学生完成学习目的,提高学生独立分析问题解决问题的能力,增强学生为主体,教师为引导者的教学模式
第六模块：实验室安全、环境与健康管理	实验室EHS(Environment, Health & Safety)理念、实验室污染物的种类及对人体健康的危害	实验室污染控制和防治、绿色实验室的建立	增强建立绿色实验室、绿色学校的绿色理念,增强低碳、循环利用等环境保护理念,增强生态文明思想	采用案例分析法、实验法,小组讨论等教学方法提高学生的学习兴趣

2.思政元素的融入

围绕课程知识目标,能力目标,价值引领的相结合的整体目标,挖掘课程里蕴含的整治素材和资源,引导学生树立正确的人生观、价值观、使命感,提高学生的爱国情怀、时代担当、劳动精神、法律意识、生态文明思想等等。每个模块内容融合的思政元素在表1中表示。

2 基于线上线下混合式的部分嵌入式教学方法

嵌入式教学是课程整合式教学方法。嵌入式教学是利用图书馆及其资源的利用作为课程教学的一部分,要求学生利用图书馆资源完成部分专业的学习,通过测试,评价学生对知识的掌握程度,也就是图书馆教育和学科课程有机整合,达到专业课教学和信息素养培养的双重目标。

可以有效地将把信息检索技能、信息意识、信息道德有机融到专业课程教学内容中,在教师的引导下学生自主学习相关专业课程的基础知识,培养学生的信息素养,增强学生的自主主动学习的能力,团队合作能力,提升科学研究及创新创业能力。线上线下混合式的嵌入式教学方法是教师课前在优慕课上的教学资源或自己录制的微视频供学生自学,在教师的引导下去图书馆查阅搜集相关文献资料,完成基础知识的学习,课上以开展师生互动研讨活动为主的教学方法。其特点是这种教学方法注重师生学习交流互动,把传统教学模式下的基础知识移到课前,利用学生课前的零碎时间在线上自主学习,去图书馆查阅相关资料文献,强调学生课前学习的自主性,凸显学生学习的主体地位,满足其个性化学习需求与习惯,不断提高教学的质量与效果。

通过多样化的学习方式调动学生的学习兴趣、听课积极性和主动性,提高自主学习的能力,提高检索文献的技能,增强学生的团队合作能力。具体实施过程图2所示。

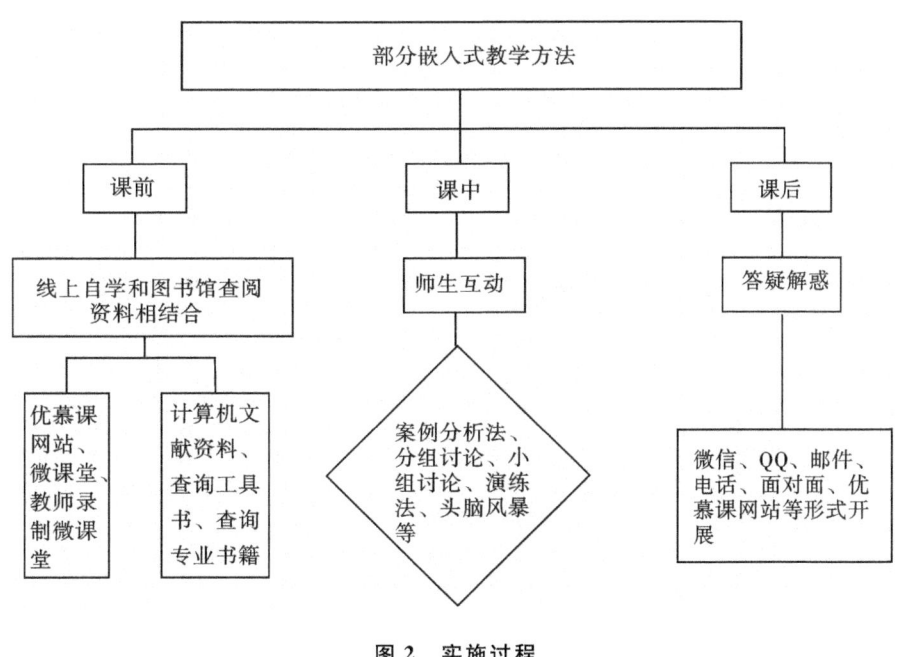

图 2 实施过程

3 教学效果评价

本研究尝试在2020级环境监测与控制技术专业37名学生的教学过程中使用线上线下混合式教学法和部分嵌入式教学方法,探索开展线上线下相结合的混合式教学法和嵌入式教学法在课程的教学效果,通过问卷调查和理论考试(2020级学生的理论成绩和2019级学生的成绩进行了对比研究)等方式对教学的效果进行了评价。

3.1 问卷调查

采用微信"问卷星平台"对试验班2020级和对照班2019级学生进行问卷调查,并进行发放和回收。问卷里包含10项内容,分别对学生学习兴趣、课堂气氛、教学方法、学生参与、知识结构、思政融合、教学效果、教学管理、教学手段等9个维度进行了测评。通过问卷星小程序共发放80份调查问卷,回收80份有效问卷。调查结果如表2所示。调查结果显示试验班的学生对实验室安全管理课学习热情高,具有较高的学习兴趣,学生更喜欢教师的线上线下混合式教学方式、课前课中的多样化教学方法。调查数据显示,学生喜欢在愉快的学习气氛下完成学习任务,更喜欢自己独立思考,可见以学生为主,教师为引导的创新教学方法可满足当代大学生的学习需求,有利于提高学生的学习热情,从而提高教学质量。

表2 试验班和对照班问卷调查结果

问卷内容	试验班(2020级环境班)肯定比例%	对照班(2020级环境班)肯定比例%	比值(对照班/试验班)
你认为教师的教学态度:工作热情高,关心、爱护学生,工作认真	98.97	79.45	0.803
你认为教师创设的课堂气氛融洽活跃且有序开展	95.15	60.20	0.633
教师在课堂上让学生参与学习的情况:有效引导学生积极主动参与学习活动	96.31	54.02	0.561
你喜欢线上线下混合式教学吗?	94.25	39.45	0.419
你喜欢嵌入式教学方法吗?	92.24	70.25	0.762
你对实验室安全管理课学习有兴趣吗?	95.89	69.36	0.723
你觉得实验室安全管理课难学吗?	91.45	62.98	0.689
你喜欢思政课吗?	88.89	61.20	0.688
你认为所学的专业课中涉及思政教育对个人的价值观启发很大	90.23	80.25	0.889
通过专业课程的学习你提高了专业能力、品德修养、法律意识、爱国情怀、理想信念	95.41	72.25	0.757

同时对试验班的学生进行了课程思政实施形式和课程思政作用方面进行了调查。发放50份,有效回收50份。结果如图3和图4所示。图3中可以看出,案例故事教学占48.15%,说明学生喜欢通过案例或故事讲授把思政和专业课融合在一起。教师应该更多探索相关案例教学法。图4显示,92.59%学生认为专业课中融合思政内容有助于形成正确的人生观、价值观和社会观。

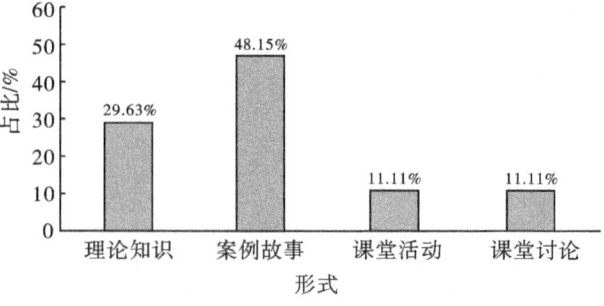

图3 课程思政实施形式调查情况

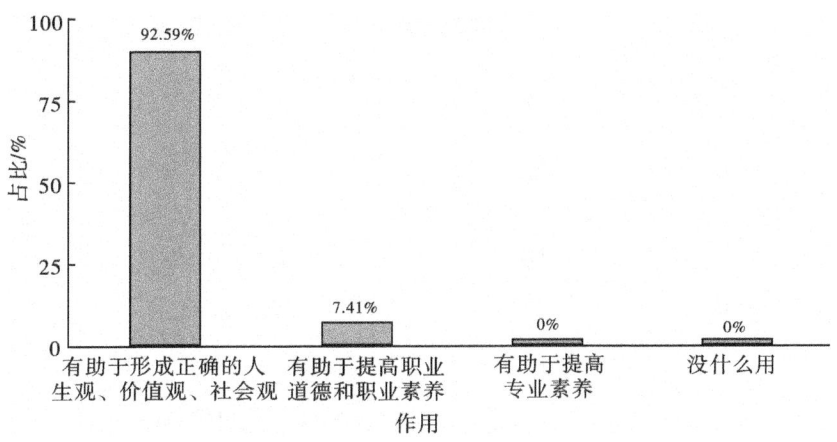

图 4 课程思政实施作用

3.2 学生期末考试成绩比较

选取采用创新教学方法的 2020 级环境监测与控制技术专业 37 名学生和传统教学方法的 2019 级 43 名学生的期末考试(同一考试卷)成绩进行了对比研究。

表 3 表示考试中各题型得分率、平均成绩、最高分等情况。可以看出采用创新教学方法教学的 2020 级学生期末考试平均成绩明显高于传统教学方法教学的 2019 级学生的平均成绩,班级最高分也明显高于 2019 级,各题型得分占比整体提高 5%。说明教学方法的多样化有利于提高学生的学习兴趣,加深基础知识的掌握,增强理论在实际中的应用能力,提高教师的教学质量。

表 3 期末考试中各题型及得分率情况

年级	得分情况	单选题(30分)	多选题(15分)	填空题(20分)	名词解释(20分)	案例分析(15分)
2020级(试验班)	得分率(%)	86.5	51.2	80.2	85.5	75.9
2020级(试验班)	平均值	87.24		最高分	99	
2019级(传统教学)	得分率(%)	80.3	49.5	75.6	80.1	69.2
2019级(传统教学)	平均值	77.93		最高分	91	

图 5 分别是 2020 级和 2019 级学生期末考试各成绩段学生比例。

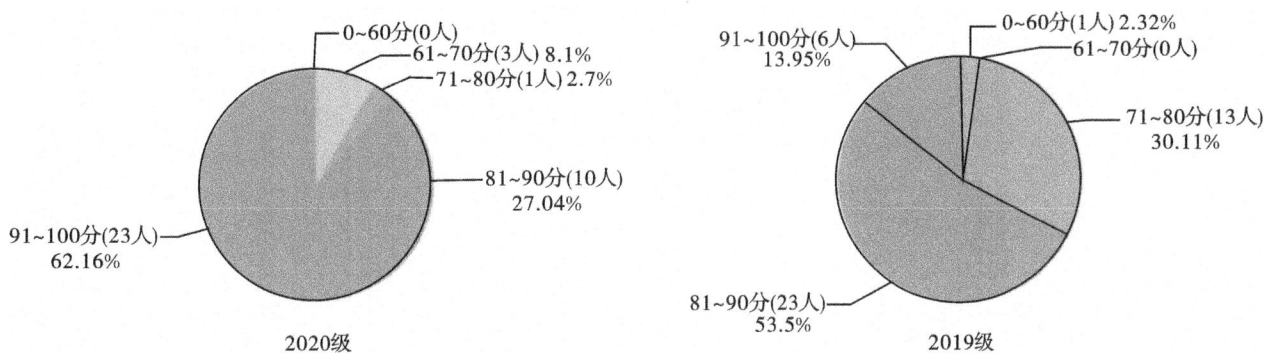

图 5 2020 级和 2019 级学生期末考试各成绩段学生比例

可以看出,2020 级 91~100 分数段的学生人数占总人数的 62.16%;2019 级 91~100 分数段的学生人数占总数的 13.95%。2020 级学生全部合格;2019 级学生不合格率为 2.32%。可以看出试验班学生的成绩明显高于对照班,说明创新教学方法有利于提高学生的学习兴趣,从而提高学生的考试成绩。

4 结论

实验室安全管理技术课要求学生掌握牢固的基础知识以外,必须掌握熟练的实践技能,同时注重培养学生的法律意识、爱国情怀、绿色发展理念,树立学生正确的人生观、价值观和社会观。线上线下混合式教学可以把传统课堂教学、线上优质微课、图书馆线下资源和线上资源有机结合,课前学生利用网络课和图书资料自主独立完成预习内容,课中教师作为引导者的身份带领学生通过小组讨论、头脑风暴、演练、实验等等教学方法巩固、扩展和加深基础知识,完全体现出学生的主体作用,注重培养学生的独立思考、分析解决问题的能力。线上线下混合式教学、嵌入式教学等新型教学模式是日后的教学趋势。

参考文献

[1] 李敏,夏婷.守正创新:思政课教学方法改革之"变"与"不变"[J].中学政治教学参考,2021(20):76-79.

[2] 王莉,张丽荣,等.线上线下混合式教学模式下的无机化学一流课程建设[J].化学教育(中英文),2022,43(14):78-81.

[3] 赵英,董斌,等."四模块"嵌入下的混合式教学设计与实践——以功能材料专业物理化学基础课程为例[J].化学教育(中英文),2022,43(12):85-91.

[4] 杨阳,汪启荣,等.高职院校心理健康教育课程混合式教学模式探索[J].中国职业技术教育,2022(17):92-96.

[5] 晏瑾,李晓梅,等.基于"雨课堂+对分易"的化工原理混合教学模式探索与实践[J].化学教育(中英文),2022,43(8):55-60.

[6] 陈怀侠,葛伊莉,等.面向能力培养的分析化学混合式教学改革研究[J].化学教育(中英文),2022,43(8):61-65.

[7] 杨勇,刘云,高凡.高校图书馆嵌入式教学的实践经验与思考——以西南交通大学为例[J].图书情报工作,2022,66(4):95-102.

[8] 高俊枫,黄乐天,等.嵌入式人才差异化培养和矩阵化实践教学探索[J].高等工程教育研究,2021(6):44-48.

[9] 杨焕峥,崔业梅,等.嵌入式人工智能与物联网实验开发板教学应用[J].实验技术与管理,2021,38(7):238-243.

[10] 董杰.高校思想政治理论课嵌入式实践教学的路径选择[J].学校党建与思想教育,2020(17):60-63.

[11] 王虹."嵌入"课程教学:大学生社会主义核心价值观的培育路径——兼论高校思想政治课程教学的改革[J].江苏高教,2017(8):102-104.

[12] 卢灿举,张云峰,等.案例教学下嵌入式系统课程的改革与实践[J].计算机工程与科学,2016,38(S1):248-251.

新文科视域下信息资源管理实验教学改革探索[*]

王 丹[1,2]，石义金[1,2]

(华中师范大学 电子商务湖北省实验教学示范中心；信息管理学院，湖北 武汉 430079)

摘 要：新文科建设强调发挥新一代技术优势，推动学科交叉融合。通过对国内高校信息资源管理实验室建设情况进行调研，从组织构成、功能定位以及运营模式分析了新文科视域下信息资源管理实验室的建设路径。信息资源管理实验室与企业、政府多元合作，采集多学科领域的数据资源，运用新技术赋能信息加工、组织、服务流程，为研究者提供数据治理与决策辅助服务，并承担跨学科信息管理类人才培养的功能。

关键词：新文科；信息资源管理；实验教学

中图分类号：G642.0

Exploration of Experimental Teaching Construction of Information Resource Management Major from a Perspective of New Liberal Arts

Wang Dan[1,2], Shi Yijin[1,2]

(Electronic Commerce Hubei Experimental Teaching Demonstration Center,
School of Information Management, Central China Normal University,
Wuhan 430079, Hubei, China)

Abstract：The construction of new liberal arts emphasizes taking full advantage of technology of the new generation and promoting interdisciplinary integration. Through the investigation and analysis of the construction of the information resource management laboratory among domestic universities, the construction path of the information resource management laboratory under the new liberal arts perspective is analyzed from the view of organizational structure, function orientation and operation mode. The laboratory cooperates with enterprises and governments, collects data resources in multi-disciplinary fields, uses new technologies to empower information processing, organization, and service processes. It provides data governance and decision-making assistance services for researchers, and undertakes function of interdisciplinary talents cultivation for information management major.

Keywords：new liberal arts; information resource management; experimental teaching

近几年来，在新工科的推动下，高等教育改革发展提出了"新文科"战略部署。随着文科发展新时期的到来，"新文科"建设突破传统文科的思维方式，为解决在继承传统文化时面临新一轮技术革命所带来的学科融合要求。"新文科"理念在于对传统文科进行重组，突破专业壁垒和学科局限，促进文理交叉，

---

[*] 基金项目：2019年湖北省高校实验室实验教学研究项目(201982)；华中师范大学2021年实验室研究项目(2021sys07)。

作者简介：王丹，女，硕士，实验员，主要从事实验教学研究与实验室建设管理工作。

并将新技术融入文科专业课程中[1],提供综合性的跨学科学习环境,升级变革人才培养模式。

信息资源管理专业涵盖管理学、信息科学与技术、信息资源集成管理等方面的基本知识和技能,教学内容主要围绕信息的概念、信息源、信息采集、组织、检索和服务等,存在大量的实践型内容。信息资源管理离不开对信息活动进行分析和揭示,而在信息来源逐渐广泛,信息处理技术逐渐先进的新形势下,信息资源管理过程必然会涉及不同领域的学科知识,不断地与技术、人文、社会进行有机地整合[2-3]。

新文科实验室建设是信息化时代高等教育改革的探索性成果,紧扣着时代新要求、科技革命新发展与经济社会新任务[4]。面对时代的变迁及人才需求的变化,信息资源管理作为培养数据驱动下信息分析处理类人才的专业[5],实验教学也面临着改革的挑战。主动回应新文科行动,积极进行实验教学改革,在专业基础上吸纳其他学科(如计算机科学、信息科学、心理学等)的广泛参与,思考新技术给信息资源开发利用带来的机遇,将新文科理念贯彻到实验课程设计和教学实施之中,构建新型信息资源管理实验室,探索实验教学发展新路径,培养掌握信息资源管理原理与方法技术的高层次应用型人才。

1 信息资源管理实验室建设现状

"信息管理"最早由图书情报学科提出,早在20世纪70年代,美国科技情报界使用该名称来描述其主要业务。直至90年代,为适应全球社会信息化发展需要,教育部将科技信息等5个相关专业合并为信息管理与信息系统专业[6]。国内图情学科也应势采用信息管理作为系名或学院名,信息资源管理类课程逐渐成为许多高校图情档、信管专业开设的专业必修课或者选修课。在普通高等学校本科专业目录中,信息资源管理作为图书、情报与档案管理下一个二级学科专业[7],具备"图情档"学科的天然特点:文献传统与计算传统。文献传统作为图情学科的源头,关注文献对象的描述和利用;计算传统则关注将算法、逻辑、数学和机器等应用于文献和信息的管理,属于"图情档"学科的天然特质[8]。

2013年,华中师范大学信息管理学院申请建设了以图书情报档案一体化为特色培养方向的信息资源管理本科专业,为我国"图情档"事业培养专门人才。同时也设立了信息资源建设实验室,帮助学生熟悉信息资源管理流程,包括信息资源的采集、组织、检索、分析以及利用。表1是对国内部分知名高校官方网站进行访问,并结合相关文献,统计整理的部分高校信息资源管理相关实验室的建设情况。

表1 国内部分高校信息资源管理相关实验室建设情况

学校名称	相关实验室	建设时间
武汉大学	图书情报实验教学中心	2001年
中国人民大学	数据工程与知识工程教育部重点实验室	2005年
上海大学	图书情报档案实验教学中心	2008年
中山大学	国家级古籍修复中心	2009年
华中师范大学	信息资源建设实验室	2013年
南京大学	江苏省数据工程与知识服务重点实验室	2014年
北京大学	科学评价与大数据应用实验室	2016年

近年来,信息资源构成的形式发生了很大变化,从传统的文献载体转向以数字资源为主,从以文本资源为主转向多种媒体形式并存。信息资源管理也由原始的政府管理陆续发展到知识管理阶段,现在则是进一步发展到大数据和人工智能相结合推动,即数智融合的信息管理阶段。从表1中看出,部分高校信息资源管理专业在实验室建设方面,延续着文献传统的同时,也根据领域发展的前沿趋势与国家战

略需求,将现代信息技术融入文献管理,并围绕数据工程,开展大数据等新型技术的创新知识服务研究,促进信息科学技术的成长。

在当下数智发展新环境下,各行各业存储的数据量急剧增加,数据科学技术已被广泛应用于各个经济部门[9]。面对海量数字资源,如何提高学生对多源异构数据的采集、加工、处理与建设能力,提升相关实验课程品质,培养新时代信息资源管理人才,是信息资源管理专业实验教学面临的重要任务。

2 新技术对信息资源管理的影响

新文科建设从概念提出到实施的整个过程中,现代技术的影响不容小觑。随着跨学科与大数据环境的推进,传统人文社会科学的结构体系正在向着多元化、交叉化、数据计算化等趋势转变。信息资源管理专业建设也在与时俱进,面向更加广泛、多维的含义建构,并将现代信息技术渗透至信息采集、组织、加工、分析等环节,建立起新型的信息资源观。

2.1 研究对象的变化

首先,信息资源管理的分析对象由"信息"上溯为"数据"。在信息时代下,研究用户可以更加方便地获取海量数据,如科技论文、新闻评论、社交媒体数据、政府工作报告、历史档案等,数据的来源和种类得到了很大程度地扩展,也为研究新问题提供了数据支撑。

对于教学而言,研究对象的扩展使得整个教学课程体系进入了改革的新阶段,相关教学内容从传统的信息内容管理扩大到了大数据资源管理范畴[10],实验教学项目及案例与经济社会融入更为紧密,先进的实验方法被用来分析数字化时代下信息资源开发、政府政策、信息化建设、行业数据治理等迫切需要解决的现实问题,培养学生多维度思考及解决实际问题的能力,提升信息素养。

2.2 研究工具的丰富

除了研究对象的变化外,新技术也为信息资源管理提供了丰富的研究工具。依托云计算、大数据、人工智能等新技术,信息资源管理工作的重心从对信息的简单组织,转向对数据和信息分析的结果进行综合和提炼,从海量数据中挖掘出有价值的信息、规则和知识,为决策提供知识服务,保证数据的可用性。例如,在处理档案信息资源时,OCR识别、图像智能识别、语音识别等技术可用于智能识别、检索图像与文本资源,从而辅助档案资源的价值鉴定;在传承与保护非遗文化方面,VR技术凭借其优越的表现形式与身临其境的真实体验感受,可还原和再现各类文化遗产,对创新非物质文化遗产传播具有重要的意义。

3 新文科视域下信息资源管理实验教学建设

新文科建设对各学科专业提出了转型升级需求,信息资源管理专业立足于学科融合与技术赋能理念,构建新型实验教学体系,大幅扩展实验资源口径,提升实验项目科技含量,增强实验室社会服务功能,从而提高人才培养质量,见图1。

3.1 "学科融合+技术赋能"理念

新文科建设强调突破传统的思维方式,解决面临新一轮技术革命所带来的学科融合要求。对于信息资源管理专业而言,大数据环境下知识发现的对象、数据规模、技术生态等都发生了显著变化,研究领域介入了数据科学建设。

信息资源管理专业本身具备的知识表示、语义标注、信息组织等属性,与其他综合性社会科学领域(如数字人文、智慧医疗、科技文旅)交叉融合,可在文化遗产保护、数字资源加工、档案数据管理等方面发挥先天专业优势,促进其他领域的发展。

大数据及人工智能技术的应用,知识发现呈现出从"数据"向"数智"的跃迁特征。将知识图谱、神经网络、关联抽取等前沿性技术应用于知识表示、关联和组织,可对不同领域的大数据进行开发与治理[11],形成智慧化数据,赋能于各领域实际问题的解决,助力实现技术理性与人文价值的内在融合。

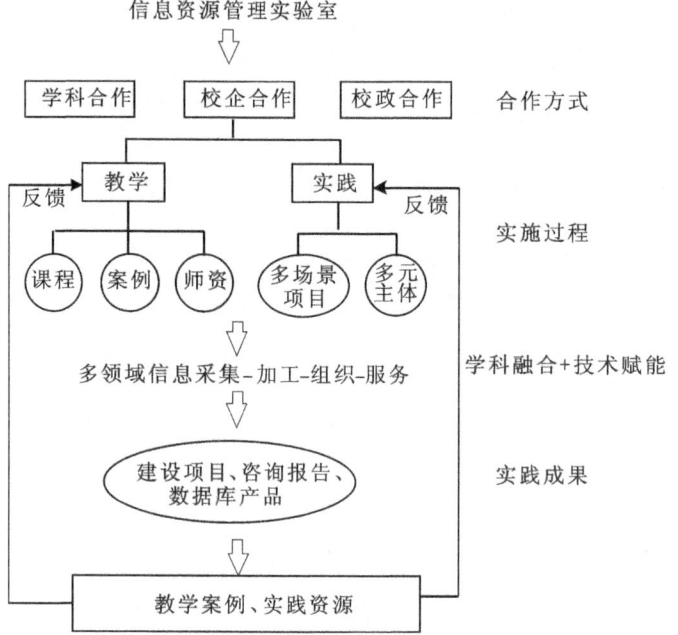

图1　新文科视域下信息资源管理实验教学建设体系

3.2　多元主体合作方式

组织边界上,信息资源管理实验室削弱了层级制痕迹,促进高校、企业、政府等主体的多重互动,形成"学科合作""校企合作""校政合作"多元合作方式。知识生产从"单位化"向"网络化"转移,形成网络化的知识生产合作关系,提供多学科知识体系与多场景实践应用的成长路径。

针对各学科之间存在的壁垒限制,新型信息资源管理实验室更加注重建立多元化的教学师资团队,结合交叉学科领域设计实验教学内容,构建实验课程体系。在教学团队建设中,通过校企合作,高校教师可深入相关部门学习,掌握更切合实际的信息资源分析技术和实战能力,建立专家型教师团队;企业的信息管理人员也可深入课堂,帮助学生了解并掌握前沿的数据分析技术,培养数据分析思维。

数字信息化时代下,企业、政府部门通常凭借行业优势地位,在其专业领域内收集了海量数据[12],然而很多高校没有充分利用这些数据资源来培养学生的实践能力[13]。信息资源管理实验室通过多元合作获取多源数据,根据不同场景设置实验项目,组建项目团队,增加政府信息资源质量控制、行业数据资产管理、数据驱动的洞察决策、数据智能服务等新主题,以达到教学内容与高层战略、社会需求接轨,培养学生解决实际问题的实战能力,推动知识"产学研用"转化进程[14]。

3.3　构建实验体系生态链

新一代信息技术从各个方面影响了信息资源管理的发展,但是其核心流程与承担的社会使命仍然没有改变。围绕信息资源管理核心流程,将现代技术融入信息采集、加工、组织与服务过程中,构建实验体系生态链,实现实验教学的改革升级,见图2。

（1）信息采集:数智环境与信息资源管理之间的碰撞拓宽了信息资源范围,带来了各种思维与应用场景的变化。现实环境中的对象、过程、行为等都已经数字化,成为可解析、可关联、可集成、可计算的数字环境。信息采集的数据源可拓展到金融、教育、医疗、政务、交通、用户体验等多个领域,与行业现实深度融合,信息资源分布落实得更为广泛,加大了面向场景教学的应用支持。

（2）信息加工：基于数据质量、标准、架构等要求，对多源异构数据进行加工、转换、清洗、集中等工作，形成整合统一的数据。利用语义知识表示技术，抽取科学问题、科学假设、科学原理、技术与工艺、材料与方法、实验与数据、分析结论等各类型语义关联的知识单元，构建高质量语义知识库，建设受控词表、领域本体、知识图谱等知识单元语义描述模型和知识属性体系。

（3）信息组织：建设数据资源关键要素及要素之间的关联关系。融合图论、神经网络、知识图谱、机器学习、大数据统计分析等多种智能化技术方法，进行知识单元的自动学习计算和关联预测，深层揭示数据隐藏的关系。

（4）信息服务：通过数据可视化、报表等工具进行关键事件、知识演化展示，帮助洞察核心指标，赋能于多种应用场景，如新兴技术情报研判，突发事件舆情风险识别，医疗辅助问诊，智能金融投资顾问、金融风险控制等，为决策提供依据。

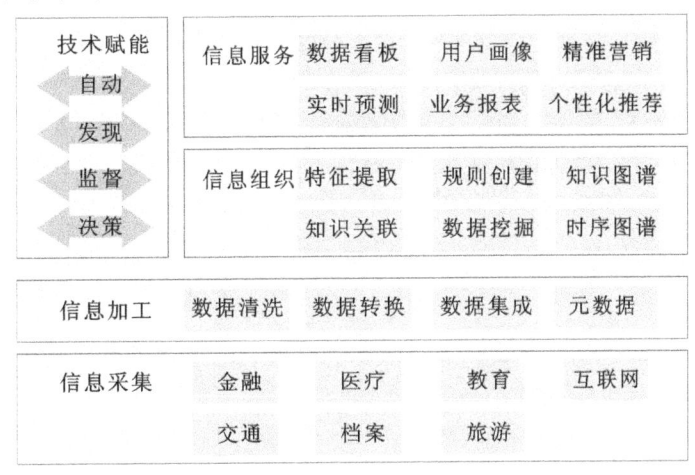

图 2　信息资源管理专业实验体系生态链

3.4　实践成果反馈优化

信息资源管理实验室作为一种通用性平台，针对不同类型的研究需求，提供数据集、计算支持和软件工具，实现挖掘、预测和咨询服务。实验室与企业、政府机构合作，获取不同领域数据信息，联合高校师生、行业专家等研究人员，构建项目团队。通过专业化的信息描述与组织，对数据内容进行选择、标注、加工和语义关联，采用信息技术实现项目成果的可视化呈现。

实践成果除了学术出版物外，项目团队还可向政府、社会和企业提供咨询报告、构建数据库产品等。多渠道、多类型的项目成果，为信息资源管理专业实验教学提供新的教学案例与实践资源，实现教学内容的不断更新与优化。信息资源实验室通过项目招募、提供实习、举办竞赛等多种渠道，提供数据、计算平台，承担跨学科人才培养的功能，学生可在网络化的协作环境中完成更大范围的数据处理与信息资源结构构建。

4　结语

在信息技术革新发展的背景下，不断涌现的新兴技术改变了人类的生活和工作，也影响着科学的发展格局。信息资源管理作为一门具有"计算传统"的交叉学科专业，技术变革对实验研究对象与研究工具产生了深刻的影响。在新文科背景下，学科交叉、技术融合将是信息资源管理专业实验教学的发展方向，在研究对象上积极引入数据新理念，通过多方合作设置不同领域和场景的实验项目，建构以信息资源管理流程链为基本定位的实验体系，促进数据驱动、技术赋能等新命题体系，培养文理交叉的新型信息管理类人才。

参考文献

[1] 王娜,张应辉.高水平本科教育背景下新文科实验室建设路径探索[J].实验技术与管理,2020,37(1):32-35.
[2] 孙建军,裴雷,柯青,等.新文科背景下"信息资源管理"课程教学创新思考[J].图书与情报,2020(6):19-25.
[3] 韩丽华,魏明珠.大数据环境下信息资源管理模式创新研究[J].情报科学,2019,37(8):158-162.
[4] 董海军,凌伊.新文科建设背景下实验教学的创新与发展[J].实验室研究与探索,2021,40(3):216-220.
[5] 刘启刚.信息管理与信息系统专业链式实践教学模式探究[J].实验技术与管理,2021,38(1):159-162.
[6] 王忠军,于伟.应对时代挑战,拓展发展空间:图·情·档一级学科更名背景下情报学发展[J].情报理论与实践,2022,45(3):1-5.
[7] 教育部.普通高等学校本科专业目录[EB/OL].[2022-08-17].http://bmfw.www.gov.cn/jybptgdxxbkzyml/index.html.
[8] 马费成,李志元.新文科背景下我国图书情报学科的发展前景[J].中国图书馆学报,2020,46(6):4-15.
[9] 王晓磊,刘海宁.论数据科学在经管专业实验教学中应用的重要性[J].实验技术与管理,2016,33(4):179-181.
[10] 朝乐门.信息资源管理理论的继承与创新:大数据与数据科学视角[J].中国图书馆学报,2019,45(2):26-42.
[11] 黄双颖.大数据环境下网络信息资源的管理与利用研究[J].科技情报开发与经济,2014,24(21):102-104.
[12] PROVEST F,FAWCETT T.Data science and its relationship to big data and data-driven decision making[J].Big Data,2013,1(1):51-54.
[13] 曹高辉,胡紫祎,郭家乐,等.美国数据科学硕士专业培养要求与课程设置研究[J].数字图书馆论坛,2018(5):38-45.
[14] 杨静,孙延鹏,杨彬,等.校企合作、产学研结合培养应用型人才[J].实验室科学,2022,25(2):175-178.

针对微电子专业的嵌入式系统实践教学改革思考*

王旭辉，程 军

（西安交通大学 微电子学院，陕西 西安 710049）

摘 要：嵌入式系统课程对于了解计算机原理硬件架构、SoC 系统具有重要意义，而目前课程体系存在专业性不强、教学手段落后以及创新性不足等问题。本文针对微电子专业的嵌入式实践教学课程进行探讨，首先分析了微电子专业的嵌入式课程存在的问题，并针对性地阐述了实施要点，探讨在现有条件下可实现的、可行性较高的解决方案，最终形成嵌入式实践教学课程改革的新思路。

关键词：嵌入式系统；教学改革；实践教学；微电子

中图分类号：TN4

Consideration of Embedded System Practice Course Based on Microelectronics Major

Wang Xuhui, Cheng Jun

(School of Microelectronics, Xi'an Jiaotong University, Xi'an 710049, Shaanxi, China)

Abstract: Embedded system has great significance for understanding computer architecture and SoC systems. However, the current curriculum systems have some problems, such as weak professionalism, backward teaching methods and lack of innovation. This paper discusses the embedded system practice course based on the major of Microelectronics. We analyze the problems of embedded course of microelectronics major, and describe the specific implementation methods to realize a high feasibility solution under existing conditions. A new curriculum reform for practice teaching of embedded system course is formed in this paper.

Keywords: embedded system; teaching reform; practice teaching; microelectronics

21 世纪是集成系统芯片（SoC）的时代，嵌入式系统作为一种为特定应用而设计的专用计算机系统，是学习 SoC 系统、了解底层架构的最佳方式。学习嵌入式系统实践课程，能够让学生在实践中更加深刻地理解计算机原理的基础知识，同时培养良好的应用实现能力及分析问题能力，为学生从事基于处理器的 SoC 系统开发与设计奠定良好的实践技术基础[1-3]。对于微电子专业的学生来说，掌握处理器架构、学习处理器工作原理并进行实践是建立数字集成电路、计算机架构知识体系的关键步骤。随着美国对中国芯片产业的封锁，微电子技术已成为一个关系到国计民生的卡脖子问题，我国在 CPU 领域、SoC 领域设计制造的短板不可避免地暴露出来。因此，如何培养微电子专业学生，使其能够更加适应集成电

---

* 基金项目：西安交通大学 2022 年本科教学改革研究项目-025。

作者简介：王旭辉，女，硕士，工程师，研究方向为数字芯片设计；程军，男，博士，研究方向数模混合电路设计。

路产业需求,服务国家战略,成为教育者们不得不思考的一个问题。

1 微电子专业嵌入式实践课程的问题分析

嵌入式系统是一门融合了多个科目、学科的交叉课程,包括计算机组成原理、微机原理与接口、操作系统、计算机网络等。目前的嵌入式系统实践教学课程内容设置主要包括:嵌入式微处理器介绍、开发环境搭建配置、嵌入式开发板模块调用等。然而,嵌入式教学有它自身的特点和教学规则,在实验教学环节上仍然存在一定的问题[4-6],主要包括:

1.1 课程设置与微电子专业培养目标有差距

目前绝大多数嵌入式实践课程都以计算机或自动化专业的培养目标为基础,课程设置包含了大量操作系统上层的软件开发,如 Android 平台的多媒体开发、Linux 平台的应用开发等[7-9]。对于底层开发得不够重视,导致了微电子专业在开设课程时,学生会因为缺乏先修课程而感到难度较大。同时课程体系以培养软件开发技能为主,不能满足微电子专业的技能培养要求。嵌入式系统实践课程是微电子的专业必修课程,课程应围绕嵌入式处理器及其构建的硬件系统与接口的认识、嵌入式 C/汇编的编程及其开发和调试方法、嵌入式系统各基础模块的设计与具体实现技术展开,增加学生的实际应用技能以及初步分析的能力。

1.2 教学手段较为落后,教学内容与实践应用脱节

嵌入式实践教学需要在教学平台上进行,因此离不开嵌入式设备的支持。由于大学的教学经费普遍有限,无法经常更新设备,而实际工业应用中的嵌入式设备日新月异,因此学校自行采购的开发板通常存在型号老旧的问题,这会导致学生掌握的知识技能与实际应用脱节[10,11]。设备老旧带来的另一个严重的问题是,设备的生产厂家可能已经停产该型号的产品,无法提供技术支持和维护服务。另外,由于教学工作的延续性较强,更新缓慢,因此教学内容也有一定程度的落伍。这些现象导致的结果是学生在学校学习的技术是已经过时的技术,且进入社会后还要进行二次培训,没有达到实践教学的培养目标。

1.3 验证性实验较多,创新性实验较少

目前的实践教学中,大多数实验是验证性实验,学生只需按照实验指导书上的内容进行实验即可得到正确的结果,缺少思考和探索的过程[12]。实验程式固定,学生难以发挥主观能动性。同时,实验教学内容的创新性还与任课教师对实验平台的了解程度有关,在实验平台积累的综合实验资料越丰富,则对该实验平台引导学生完成创新性项目更有利。

2 嵌入式实践课程的实施要点

针对嵌入式实践课程目前存在的问题,结合微电子专业的特点,在课程教学目标制定、大纲编写、内容修订等方面应全面考虑,制定合适且易于实施的教学体系,具体实施要点如下:

2.1 设置适用于微电子专业的实验内容

微电子专业该课程的课程目标之一是掌握计算机与接口芯片的基本理论和基本技能,为以后从事集成电路设计类工作打下基础。对于嵌入式课程设置,应该以学生了解底层架构、掌握处理器工作原理为主,这是微电子专业与其他专业相比,该课程侧重点的不同之处。因此,在课程教学体系设置中,应注重底层硬件架构和编程开发,以裸机开发类实验为主,如在没有操作系统的前提下,采用以 Uboot 等引导程序为主的架构上进行开发。这样的学习对于微电子专业的学生是有针对性的,尤其对理解硬件的构架、控制原理很有帮助。通过硬件结构的学习,可以使学生理解硬件是如何组织资源,这些资源又是

怎样由 SoC 中的处理器进行编程控制和调度的；理解寄存器地址与设备的对应关系，怎样通过地址映射内存空间上的存储单元进行使用；怎样进行内存管理、时钟控制、中断控制等。这些内容是嵌入式学习的根基，也是了解 SoC 工作原理最好的实践方式。

微电子专业的学生硬件基础较好而软件基础薄弱，在学习嵌入式课程中会有一定程度的短板，在实验指导书撰写和课堂教学过程中采用引导式方法，给予学生一定的思考空间。实验内容应当循序渐进，首先对于内核的寄存器功能和调用进行掌握，可通过 LED 灯等外设进行调用，来测试寄存器配置的正确性。这一阶段最好采用汇编语言作为编程语言，汇编指令可以直接对底层硬件进行调用，因此对于理解硬件架构更有帮助。

第二阶段对处理器内核的高级功能进行了解，如时钟、中断等，配合开发板的简单外设，如轮询按键、UART 串口等，将内核的功能与外设相结合，设计出较为复杂的实验题目。

第三阶段则应设置综合性实验与开放性实验，将前面学习的知识进行综合应用，并结合开发板上较为复杂的外设系统，如 IIC 总线、LCD 屏、DDR 等，设计综合性、开放性的实验。综合性实验一方面让学生学会自己阅读产品手册，理解嵌入式系统的运行机理，查找有用信息，这对于未来要接触大量产品手册的硬件工程师十分有益，另一方面也对学生处理和分析问题的能力大有帮助。除此之外，有条件的学校可让学生接触操作系统的移植和裁剪，通过 BootLoader 的裁剪，可以更加清晰地了解硬件的启动和引导过程，对于 Linux 系统的认识，可以了解硬件的启动过程，帮助学生以后选择 Linux 驱动开发类的工作。

2.2 与企业合作，构建联合实验室

由于学校的教学经费通常有限，而嵌入式设备、处理器型号更新换代的速度十分迅速，嵌入式系统教学的硬件设备无法及时进行更新。同时许多现有设备手册不够详细、不开源也是制约教师进行课程改革的一大因素，尤其针对微电子专业，没有一个详尽的底层硬件手册，学生也就无法深入理解硬件工作的原理。针对目前嵌入式实践教学的资金困境，与企业合作是一个一举两得的方法。

近几年，国家为了大力推行校企合作，教育部牵头推进"协同育人"等一系列教学改革项目，意在搭建教学活动与企业之间的桥梁。通过对项目指南的研读，研究发现市场上有一批优秀的嵌入式教学研发类企业，恰好可以弥补学校目前的短板。教师在挑选或升级嵌入式设备时，可挑选有硬件背景，或自己开发核心板的企业进行合作，这样可以更方便地拿到硬件资源的详细资料，进行教学活动的改进，也方便本专业的学生学习硬件架构。同时在教学过程中需要进行硬件设施维护或改进，也可以委托公司进行，建立长期稳定的合作关系。这样一来，学校可以以较低的成本完成设备的升级改造及教学改革，而企业也可以得到大量用户反馈从而改进自身的产品，达到互利共赢的局面。

2.3 改进课程教学方法，引导自主创新

在课程设置时，应重视对创新性、开放性实验的设计，帮助学生培养主观能动性，以及深入思考、解决问题的能力。安排一定课时的创新性实验内容，挑选科学性、实践性强、与学生关联紧密的工程方向供学生挑选。实验课题来源可关注集成电路领域的学科竞赛，如"集成电路创新创业大赛""互联网+大赛"等，根据竞赛的选题寻找合适的课题移植至课程的硬件平台上，作为创新性实验题目供学生选择。如第五届集创赛平头哥杯的"智能管道检测维护机器人"项目，需要通过嵌入式平台控制摄像头、传感器等一系列模块，同时通过 Wi-Fi 实现与外设的实时交互，内容与嵌入式实验基础课程有一定联系，同时又是具有完整的应用背景的综合性课题，能够让学生的开发能力得到较大提升。同时，也可与科研项目进行结合，将项目中难度较低、与课程结合度较高、独立性强的模块分离出来，作为教学中的综合性实验课题。这样一来，学生在教学实践中除了书本上的知识，还能接触到该领域内不断更新的内容与技术，

对学生的专业视野拓展起到良好的效果。

另外,由于嵌入式课程是多个学科领域的交叉融合,因此可结合微电子专业的其他课程做相应的设计。一个实践方式就是采用搭载嵌入式处理器FPGA芯片的开发板,用于嵌入式与FPGA的联合调试。FPGA作为底层实践、实现者,完成大部分电路驱动和数据采集处理。将FPGA作为ARM的外设,可以通过DMA的方式来直接访问;或将FPGA作为ARM的存储设备,通过总线访问。例如对于神经网络等应用课题,可选择在可编程逻辑器件平台上利用板载资源或扩展的硬件资源,添加信号预处理、图像采集、人机交互、电机驱动等接口功能,在SoC中集成具备高效执行智能处理算法(包括但不限于神经网络/机器学习等)能力的硬件加速器。以软硬协同的思想对SoC进行全面优化,确定合理的软硬件任务划分,分析优化前后SoC整体性能的变化。这样一来,系统的复杂度、可塑性会大大提升,方便教师进行创新性的实验开发。

3 结语

本文介绍了针对微电子专业的嵌入式系统实践教学中的一些思考和改进方法。首先提出了目前的微电子专业嵌入式教学中存在的问题,包括课程培养目标和课程设置,实验内容落后的问题以及课程创新性不足的问题。这些问题有些是微电子专业独有的,有些是共性的问题。接着针对上述问题提出了若干实施要点,包括增加裸机开发实践在课程中所占的比例,用于解决培养方案与微电子专业不符的问题;与企业合作、构建联合实验室,用于解决设备及实验方案落后,与工业界脱轨的问题;针对教学方法进行改革,引导自主创新,用于解决课程自主性不足,学生主观能动性调动不足的问题。通过课程改进的讨论,可以使学生对于微处理器架构、嵌入式设备的调度方式具有深刻的认识,同时培养动手能力、编程能力、发现和解决问题的能力,为学生今后在集成电路设计领域工作打下良好的基础。

参考文献

[1] 凌明,刘昊,时龙兴.关于嵌入式系统课程教学过程中几个问题的思考[J].电气电子教学学报,2007(S1):94-96.

[2] 周风波,杨为民.基于高校"嵌入式系统"课程教学改革研究[J].科教导刊(中旬刊),2019,(14):97-98.

[3] 俞建新.略论嵌入式系统的实验教学[J].实验室研究与探索,2006(7):741-745,757.

[4] 章民融,徐亚锋.嵌入式教学关键点的研究和嵌入式实验教学平台的设计[J].计算机应用与软件,2009(3):160-162.

[5] 罗钧,廖红华,付丽,等.嵌入式实验教改与创新性人才培养的关系[J].实验室研究与探索,2006,25(8):958-959.

[6] 付琳,江世明.新工科背景下的地方本科高校嵌入式系统课程实践教学改革的探索[J].高校实验室科学技术,2019(3):36-38.

[7] 王伟,韩雪,高照玲,等.基于Linux的智能家居控制系统综合实验设计[J].实验技术与管理,2020,37(1):159-162,166.

[8] 平震宇,李培峰,顾晓燕.MOOC环境下嵌入式系统虚拟仿真平台的实现与应用[J].实验室研究与探索,2020,39(4):97-94,159.

[9] 窦乔.基于CDIO理念的嵌入式系统开发课程的教与学[J].软件工程,2019,22(5):46-48.

[10] 陈建锋,罗家兵,李旭峰.物联网的虚拟仿真技术与实验教学平台[J].单片机与嵌入式系统应用,2019(12):29-35.

[11] 谭晋,许强.虚拟仿真与硬件实作相结合的嵌入式实验教学改革初探[C]//全国高等学校电子信息科学与工程类专业教学协作会议.教育部,2009.

[12] 陆庆,肖堃,聂晓文.嵌入式课程实验教学体系的改革与创新[J].实验科学与技术,2011(S1):201-203.

实验技术与方法

谐振法测量交流电路参数的设计与研究

李莹[1]，庞及其[2]，卢学英[1]

(1 天津大学 电气自动化与信息工程学院，天津 300072；
2 国网天津市电力公司，天津 300010)

摘 要：交流电路参数测定是"电工测量"实验教学中的基础内容，本文从工程实际出发，设计提出一种参数测定的新方法，即以单相电机为负载，利用简单的 RLC 串联谐振电路来测量实际电路的等效参数。实验证明，与"三表法"电路相比，谐振法实验不仅内容多、综合性强，与生产实际也更为紧密，将其应用于实践教学中，不仅提高学生的理论应用能力，而且能为基础实验开展综合性实践教学留有更多的设计和选做空间。

关键词：串联谐振；三表法；实验教学

中图分类号：TM131.4；TM343.1

Design and Research of Resonance Method for Measuring AC Circuit Parameters

Li Ying[1], Pang Jiqi[2], Lu Xueying[1]

(1 School of Electrical and Information Engineering, Tianjin University, Tianjin 300072, China;
2 State Grid Tianjin Electric Power Company, Tianjin 300010, China)

Abstract: The measurement of AC circuit parameters is the basic content of the experimental teaching of Electrical Measurement. Based on the engineering practice, this paper proposes a new method of parameter measurement, which is, using a simple RLC series resonant circuit to measure the equivalent parameters of the actual circuit with a single-phase motor as the load. The experiment has proved that compared with the "three meter method" circuit, the resonance method experiment is not only more comprehensive, but also more closely related to the production practice. Applying it to practical teaching will not only improve the students' theoretical application ability, but also leave more design options for the comprehensive practical teaching of basic experiments.

Keywords: series resonance; three table method; experiment teaching

1 概述

RLC 串联谐振是电路理论教学中的一种典型电路，在电力系统和生产实际中有着广泛应用，例如采用变频串联谐振设备对于一些大型电力变压器、电力电缆以及水轮发电机组等进行的交流耐压性试验[1-2]、高压电容充电电源的设计[3-4]以及超高压电网串联谐振型限流器技术[5]等等。

目前，我校实验教学中针对"交流电路参数测定"这项实验一直采用"三表法"测量原理，并以 1 组 750 wdg/36 V 铁芯互感线圈作为负载，具体实物及电路结构如图 1、图 2 所示。从实际教学效果来看，

作者简介：李莹，硕士，工程师，研究方向为波电感理论与新技术。

学生的理论水平和实验技能都普遍得到提高,实验原理也得到验证,可见,作为电工基础实验来说,它是教学中必不可少的一项内容,但通过实践我们发现,要想进一步提高学生的理论应用能力,仅仅依靠基础实验还远远不够,还需要在内容及方法上不断拓展和延伸,逐步增大综合性实验项目的比重,给学生们创造一个自由发挥和深入研究的空间,这样才能为后续专业课学习打下基础。

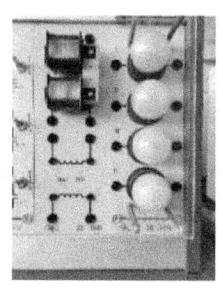 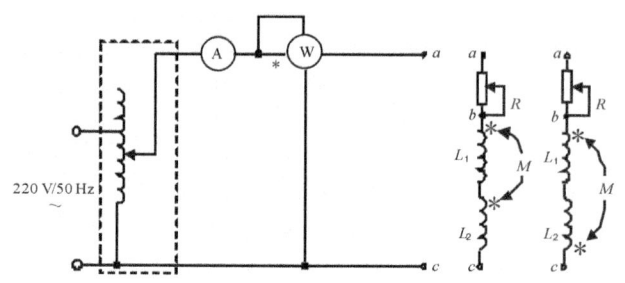

图1　电感线圈实物图　　　　图2　三表法实验电路图

2　基于串联谐振的交流电参数测定实验法

2.1　实验电路结构

基于以上认识,我们对现有三表法电路进行改进并提出一种新实验方法,即将原有负载线圈替换为一台电容分相式单相异步电机,再与电容器组相串联组成一个典型LC振荡回路,此时可通过调节电容C使电路产生串联谐振现象,再利用相量法分别计算出电路中的等效参数,具体设备及线路如图3、图4所示。

图中,电源输出采用单相工频220 V交流电,经单相自耦变压器与负载相接,考虑到实际电路达到谐振时,电机、电容两端电压值较高,为保证实验安全,实验期间变压器输出应控制在150 V以下,并且由于电机本身存在较大内阻不可忽略,故在实际电路中应等效为一理想电感L与电阻R_L相串联的电路模型。此外,线路中各可调电容器组的额定电压为500 V,电容参数依次为0.47 μF、1 μF、2 μF、4 μF和8 μF。

 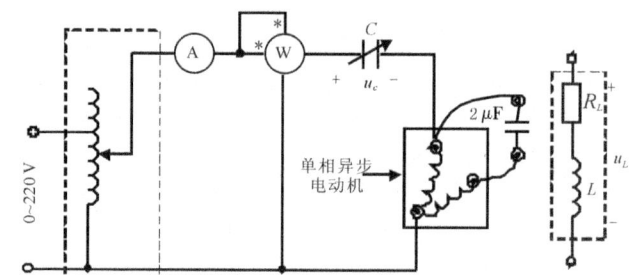

图3　单相异步电机实物图　　　　图4　谐振法实验电路图

2.2　分析结果

由串联谐振原理可知,若保持电源电压不变,则当电路出现谐振时,线路中的复阻抗最小,而回路电流I达到最大,此时负载电压与回路电流恰巧处于同相位的状态,具体数据如表1所示。结果显示,当调节电容C达到8μF时,线路中的电流I和有功功率P均出现极值点,此时电路中的复阻抗:

$$|Z|=R_L=\frac{P}{I^2}=\frac{43.5}{0.438^2}=226.75(\Omega)$$

其中,R_L为电机实际等效内阻值。依据KVL,此时负载电压值应为电机等效内阻电压分量U_{RL}与感性电压分量U_L'的相量之和,因此:

$$U_l' = \sqrt{U_L^2 - U_{RL}^2} = \sqrt{197^2 - 99.32^2} = 170.1(\text{V})$$

表1 谐振法实验数据表

$C/\mu\text{F}$	I/A	P/W	U_C/V	U_L/V	$C/\mu\text{F}$	I/A	P/W	U_C/V	U_L/V
0	0	0	100	0	6	0.383	34.9	199.9	181
0.47	0	0	101	0	7	0.428	41.5	190	195
1	0.025	0.5	111	13.2	7.47	0.435	43	181	196
2	0.05	1.2	115.5	21.5	8	0.438	43.5	170.2	197
3	0.11	7	158	83	9	0.418	40	146	192
4	0.235	14.5	184	123	10	0.40	36.2	125.1	184
5	0.316	24.5	199	156	11	0.397	34.7	116.4	169.2
5.47	0.35	29.2	201	168	12	0.39	32	95	157

通过数据分析可以发现,电机感性电压分量 U_l' 与电容两端测量值 U_C 之间只相差 0.1 V,其相对误差在允许范围内,因此得出结论:工频电压条件下,当电容 $C=8~\mu\text{F}$ 时系统发生了串联谐振,并且此刻线路中的电感电压与电容电压大小相等、相位相反,二者相互抵消,由此可计算求出电机负载的电感值 l 及整个 RLC 串联谐振电路的品质因数 $Q=1.7$。

$$l = \frac{U_l'}{\omega I} = \frac{170.1}{314 \times 0.438} = 1.24(\text{H})$$

3 实验方法特点及讨论

通过对比"三表法"和"谐振法"实验可以看出,2 种教学方法有着不同的优势和特点。首先,线圈作为实验负载的优点是:

① 体积小,结构单一。
② 价格低,维护方便。
③ 阻值量很小。

因此相对而言,"三表法"的原理结构和实验线路都比较简单,测试量也很少,这一点通过实验结果和分析过程就能充分体现出来,例如,实验过程中,学生只要完成互感线圈的正、反向串联并测量电路中的电流 I,有功功率 P 以及 a、b、c 3 点之间的电压,就能依据 KVL 和相量法求出线圈等效参数,而且测量期间电流表的读数一直限定在 0.5 A,因此负载承受的最大电压也只有 60 V 左右,如表 2 所示。由此可见,对比于谐振法实验,"三表法"电路基础性更强、理论验证过程也更为简单。

再者,电工测量实验课程每年都要面向全院大一年级开放,选课人数近 600 人,为了满足 1 人 1 组的教学要求,设备套数应至少配置 32 组以上,选用线圈作为实验负载,实验室建设维护成本都会比较低,因此出于理论验证的教学目的,选择"三表法"原理是目前课程教学中最为经济实用的方案,而且实际效果也比较理想;但从实用角度看,实验教学内容过于简单基础,则留给学生自主研究和拓展的空间就会很小,学生仅仅能完成对基础概念的理解和掌握,如何与实践相结合其实并不知晓,学生的实践能力和创新意识自然也就得不到有效提高。

采用"谐振法"电路后,虽然设备体积增大、成本高、结构也较为复杂,但优点在于:

① 知识量更多、内容更丰富且综合性更强。
② 既验证了理论又结合了工程实际。

③可以与专业课知识衔接起来。

首先,从实验内容来看,学生需要课前预习掌握的知识点比较多,例如交流电的基本概念、相量法分析、谐振原理以及电机控制和绕组接线等等。

其次,从实验方法来看,学生需要经历一个反复的调参过程,并且综合分析不同电容值下电压、电流和功率变化才能准确地找到谐振点,因此,这项实验的工作量会比较大,包括学生在数据分析时应注意到,当电容 C 在 $0\sim12~\mu F$ 之间变化时,负载电压 U_L、电容电压 U_C 会经历一个从小到大再逐渐递减的峰值变化过程,如图5所示。可以看出,该曲线变化与谐振曲线图中所反映的频率特性相一致,通过这些曲线分析,学生可以进一步加深对谐振原理的理解和掌握,对于谐振电路的实际作用也会更直观。此外,电路分析时还应考虑到电机本身负载因素对实际电路的影响,比如电机内阻电压分量、感性电压分量的与 U_C 之间的幅值相位关系,理论计算时需要通过二者之间的关系以及线路电流、功率测量值才能综合地判断电路的谐振状态。

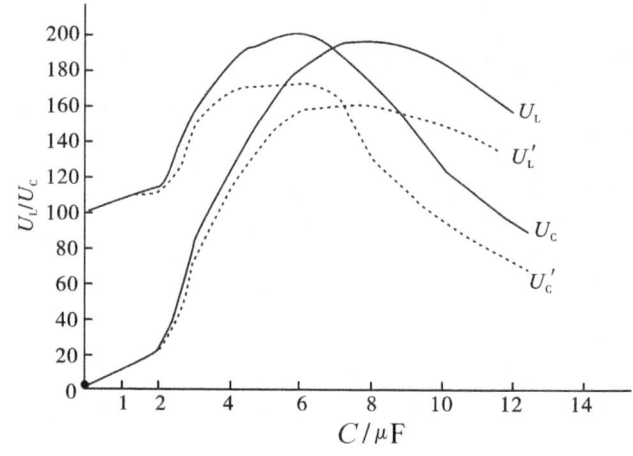

图5 电压变化曲线图

再者,从实践角度看,学生通过搭建电路第一次认识电机,也看到电机启动和控制的过程,对于电路原理实现电力系统控制过程会有更清晰的认识。比如,当电源通电后,学生会发现电容调节必须达到 $3~\mu F$ 电机才会启动,一旦超过 $14~\mu F$ 电机又会出现电机抖动的现象,实际电路中解决这一问题最有效的方法就是在负载一侧再串接一可调电阻 R_1,通过改变系统阻值来消除抖动,但同时,随着电阻不断增大,负载电压 U_L、线路电流 I 以及有功功率 P 也会随之减小,而且接通电源后需要串联更大电容电机才能启动,这势必影响实验数据的连续性和准确性。因此,合理设计系统参数是至关重要的。

综合以上分析,可以看出,"谐振法"实验一是知识量比较多,原理分析上既有相量法分析又增加谐振电路实例;二是工程应用性强,学生可以认识了解一种实用化的测量方法,而且学生第一次使用电机,所以都比较感兴趣,也有动手实践的积极性。实验证明,针对同一负载电机,分别采用2种实验测量方法,其实验结果完全一致。由此看来,以电机作为工作负载同样满足交流参数测定的实验要求。以此为设计内容,倘若能在实验教学中适当增加一些设备套数,由学生自主设计选做是完全可行的,而且学生在完成上述电路的搭建、测量之外,还可以尝试以下研究任务:

(1)针对同一电机负载,完成"三表法"电路和"谐振法"实验的测量,分析对比这两种测量方法的优缺点,其工程适用范围如何?

(2)对图4所示电路中的负载电压提出限定值,学生自主设计电路及参数并完成实验测量,观察并思考,如果增大可调电阻值 R_1,对于电容、电机两端电压的影响如何?

为什么增加电阻后电机抖动现象会消失？这里我们取 $R_1=57\ \Omega$ 为例，保持电源电压不变，实验结果如表2所示，电容、电机两端的电压变化曲线如图5中虚线所示。

表 2 取 $R_1=57\ \Omega$ 实验系统测量值

$C/\mu F$	I/A	P/W	U_C/V	U_L/V	U_{R1}	$C/\mu F$	I/A	P/W	U_C/V	U_L/V	U_{R1}
0	0	0	100	0	0	6	0.319	30.1	165.8	155	17.9
0.47	0	0	101.2	0	0	7	0.32	30.5	165.2	158	18
1	0.012 5	0.4	109	13	2	7.47	0.32	30.5	165.2	158	18.4
2	0.05	1.1	113.1	21	4	7.94	0.332	33	138.5	161	18.7
3	0.11	5.9	146.5	76	8.5	8	0.329	32.9	130	160.4	18.5
4	0.21	11.3	167	113	12.5	9	0.319	30.4	111	156	17.8
5	0.273	21.5	172	139	15.6	10	0.302	28	95.5	150.4	17
5.47	0.295	26.3	169.4	147	17	12	0.275	23.5	72.2	140	15.5

不难看出，此参数条件下，表2中各项实验数据均明显小于未串联前测量值，并且原数据表中还增加电阻电压 U_{R1} 的测量以及它和电机之间的计算，通过两者之间的分压关系才能计算电机等效参数。从实际测试结果看，电阻 R_1 取值对于测量结果影响很大，这一点学生在电路设计时需要特别注意。

4 结语

本文针对交流电路参数测定实验内容的特点，重点研究并提出以实用型电机设备作为负载的实验设计方法，主要目的一是希望拓宽实验教学的知识范围；二是把电工理论与实践应用相结合起来；三是提高实验的专业综合性。这样既可以丰富课程内容，又可以培养学生的工程实践能力，同时也为学生开展综合性实验研究提供自主探索的学习空间。目前，该项实验已在我校本科实验教学中进行小范围的尝试和训练，收到良好的实验效果。

参考文献

[1] 沈梦瀛,刘团,丁宇涛.基于神经网络的串联谐振耐压试验方法研究[J].上海电力大学学报,2021,37(S1):35-37.
[2] 冯相永,贾会星,李永泉,等.GIS调频式串联谐振耐压试验方案研究[J].盐城工学院学报:自然科学版,2021,34(1):22-25.
[3] 冯传均,何泱,戴文峰,等.串联谐振高压电容充电电源设计及分析[J].强激光与粒子束,2019,31(5):55-60.
[4] 蒋培,董理,刘新竹.基于串联谐振的高压充电及储能装置研究[J].电气传动,2021,51(10):52-57.
[5] 张志丰,肖立业,邱清泉,等.一种改进串联谐振型限流器[J].电工技术学报,2015,30(6):169-177.
[6] 邱关源,罗先觉.电路[M].北京:高等教育出版社,2008.
[7] 杨山.电路基础理论[M].北京:高等教育出版社,2000.
[8] 姚海彬.电工技术(电工学Ⅰ)[M].北京:高等教育出版社,1999.
[9] 林孔元,王萍.电气工程学概论[M].北京:高等教育出版社,2009.
[10] 王萍,林孔元.电工学实验教程[M].3版.北京:高等教育出版社,2016.

实验室微电网设计与实现

杜海江，秦晓维

（中国农业大学 信息与电气工程学院，北京 100083）

摘　要：微电网主要由分布式电源、能量转换装置、负载以及监测和保护装置构成的小型电力系统。实验微电网可以在实验室模拟微电网的常见运行工况，支持研究和实验用。传统的微电网实验系统由于电压高、容量大、成本高等问题，不便于学生实操使用。本文首先对实验室微电网的研究现状进行分析，其次对所设计实验室微电网拓扑结构、实现功能以及保护设计等内容进行研究，最后给出仿真和实验结果。该系统也可作为工程研究的实验培训平台。

关键词：实验室微电网；变流器模块；拓扑结构

中图分类号：TP319

Design and Implementation of Laboratory Microgrid

Du Haijiang, Qin Xiaowei

(College of Information and Electrical Engineering,

China Agricultural University, Beijing 100083, China)

Abstract: Microgrid is a small power system mainly composed of distributed generation, energy conversion device, load, monitoring and protection device. The experimental microgrid can simulate the common operating conditions of microgrid in the laboratory to support research and experiment. The traditional microgrid experimental system is not convenient for students to operate because of its high voltage, large capacity and high cost. Firstly, this paper analyses the research status of laboratory microgrid, then the topology, implementation function and protection design of laboratory microgrid were studied, and finally the simulation and experimental results were given. The system can also be used as an experimental training platform for engineering research.

Keywords: laboratory microgrid; converter module; topological structure

1 引言

电力电子技术已成为现代电力工业的基础技术。以电力电子技术为基础，将分布式电源、能量转换装置、负载以及监测和保护装置集成，构成的小型电力系统即微电网，用来提高用电可靠性、便利性，这将是电力工业的主流应用形式。研制一套实验室微电网，以实现一个微型电力系统的功能，将显著提升学生对课程的认知，并加深对电力系统的理解。

国内不少大学建立了不同规模和结构的实验用微电网。总体上可以划分为3种类型。

第一种类型的微电网主要为较大容量和电压等级的展示型微电网。内蒙古科技大学[1]、许昌学院[2]、合肥工业大学[3]、天津大学[4-5]、东北大学[6]、陕西工业职业技术学院和长安大学[7]建设的微电网实验室，设备端容量在3～50 kW不等，电压为400 V。同时福建省内建设了首个设备端容量较大的风

作者简介：杜海江，博士，副教授，从事电力电子技术相关教学工作。

光储充微电网实验室[8]。这种类型的微电网在国内是主流,不少高校投入百万起步至千万量级资金建设。同时微电网系统容量相对较大,还采用了实际的锂电池和光伏板,其中就有很多问题,例如不做实验时,电池处于闲置状态,甚至于荒废状态,而且还要对电池进行维护,都需要大量的物力和人力,而且光伏发电板体积较大,不宜存放,这都是一些不起眼但又十分重要的问题。从使用效果看,由于系统复杂,大部分设备为厂家生产供货的固定产品,内部软硬件不开放。教师掌握起来都比较困难,用于学生课程实操更有难度,投资大但实用价值有限。

第二种类型的微电网是以实时仿真驱动上位机监控系统的仿真验证型微电网。浙江大学[9-10]以RT-LAB仿真系统模拟功率回路,采用DSP控制板作控制回路,构建直流微电网。电力电子实时仿真盒(Pocket Bench)[11]采用FPGA构建功率回路实时仿真模型,采用DSP控制板运行控制软件。这种类型的微电网涉及的基础知识较多,利于学生综合能力的提升,但是其成本比较高,模拟微电网运行的工况也相对较少,同时由于没有实际的电力电子硬件,整个微电网运行效果与实际设备的存在一定的差距,学生对于微电网的学习和体验也比较差。

第三种类型的微电网是一种源网变荷集成式的实验台型微电网。台湾固纬电子推出了PTS系统电力电子实训系统,在国内拥有较大的高校用户群。南京研旭电气推出的YX-PEP1000、浙江求是教仪推出的DMCL-I实验平台与固纬电子的实训系统思路类似。这类实验系统的变流器模块为小容量的实际设备,设备相对比较简单,控制回路软件采用先软件仿真后再自动生成程序的方式。缺点是与变流器模块配套的电力电子实验平台进行捆绑销售,主要包括数字存储示波器、可编程直流电源、可编程直流电子负载、单三相交流电源等,价格比较高。

本文将综合上述实验室微电网的研究现状,为使高校内研究微电网的学生充分认识并理解微电网的各种运行模式和工况,设计一个组成设备较少、操作简单、实现功能较多的交流光储微电网实验平台。

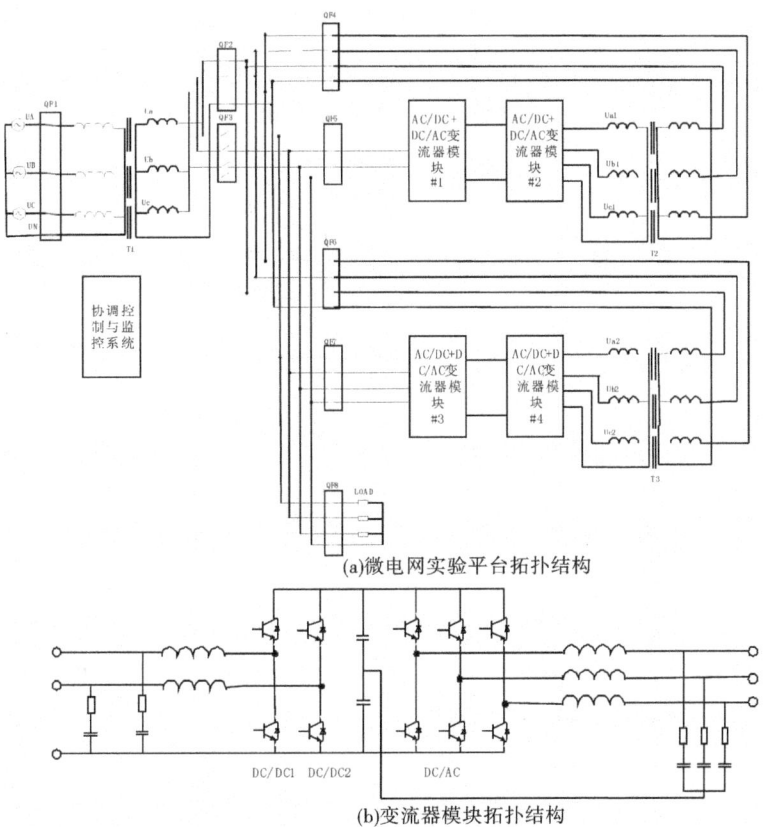

(a)微电网实验平台拓扑结构

(b)变流器模块拓扑结构

图1 微电网拓扑结构图

2 实验室微电网拓扑结构及功能分析

基于实验室微电网安全和成本的角度考虑,尽可能采用模拟装置来代替光伏系统和储能系统;并且使系统在低电压环境下运行;基于实验室微电网教学的角度考虑,该实验平台应能够充分的模拟微电网运行的主要工况。微电网实验平台的拓扑结构如图1(a)所示,图1(b)为变流器模块拓扑结构图。

所设计的变流器模块为两级式三相变流器,单个模块具备的功能如表1所示。

表1 变流器模块功能

序号	功能	描述	说明
1	一路 BUCK/BOOST 定低压电压1,另一路定低压电压2	两路直流 BUCK/BOOST 低压端口独立接负载,直流母线接电源	仅使用 DC/DC 变流器
2	一路 BUCK/BOOST 定低压电压1,另一路定低压电流	两路直流 BUCK/BOOST 低压端口独立接负载,直流母线接电源	
3	一路 BUCK/BOOST 定低压电流1,另一路定低压电流2	两路直流 BUCK/BOOST 低压端口独立接负载,直流母线接电源	
4	一路 BUCK/BOOST 定高压电压,另一路定高压电流	两路直流 BUCK/BOOST 低压端口独立接直流电源,直流母线接负载	
5	两路 BUCK/BOOST 定低压电压	两路直流 BUCK/BOOST 低压端口并联接负载,直流母线接电源	
6	一路 BUCK/BOOST 定低压电压1,另一路定低压电流	两路直流 BUCK/BOOST 低压端口并联接负载,直流母线接电源	
7	一路 BUCK/BOOST 定低压电流	两路直流 BUCK/BOOST 低压端口并联接负载,直流母线接电源	
8	三相变流器定交流电压/频率	直流母线接电源,交流侧接负载	仅使用 DC/AC 变流器
9	三相变流器定直流电压	交流侧接电源,直流侧接负载	
10	三相变流器定直流功率	交流侧接电源,直流侧接负载	
11	一路 BUCK/BOOST 定高压电压,另一路定高压电流,三相变流器定交流电压/频率	低压直流端接电源,交流侧接负载	DC/DC 与 DC/AC 变流器级联
12	一路 BUCK/BOOST 定低压电压1,另一路定低压电压2,三相变流器定直流电压	低压直流端接负载,交流侧接电源	

由表1可见,仅一台变流器模块就具有丰富的功能,可以支撑电力电子技术的实验内容,在此基础上开展微电网实验。

微电网功能如表2所示。

3 实验室微电网的保护设计

3.1 系统级保护

在高校的微电网实验教学中,三相交流电和实验室微电网平台引入隔离变压器是非常必要的,它能够有效地避免在实验过程中发生触电事故,确保实验人员的人身安全;同时隔离变压器还能够将电气的

表 2 微电网功能

序号	功能	描述
1	光伏并网发电模拟	模块1做光伏并网逆变器,定MPPT控制;模块2两路DC/DC并联,模拟光伏发电
2	光储并网发电模拟,使并网功率可控	模块1之DC/DC做光伏定MPPT控制;模块2之DC/DC1做光伏模拟;模块3之DC/DC做储能定功率控制;模块4之DC/DC做储能模拟;4个模块之DC/AC做并联网定直流电压控制
3	光储离网发电模拟,带本地负载	模块1之DC/DC做光伏定MPPT控制;模块2之DC/DC1做光伏模拟;模块3之DC/DC做储能定直流母线电压控制,模块3之DC/AC离网定交流电压/频率控制;模块4之DC/DC做储能模拟;其他3个模块之DC/AC做并联网定直流电压控制
4	两路储能做下垂控制,实现离网微电网模拟,带本地负载	模块1、3之DC/DC做储能定直流母线电压控制;模块2、4之DC/DC做储能模拟;模块1、3之DC/AC通过下垂控制实现定交流电压/频率控制
5	协调控制与监视功能	通过PC机做主站与4个模块建立串口通信,通过数据交换,实现各模块功能配置和启停控制,并实现运行数据的显示

一次回路和二次回路进行绝缘,确保在实验运行过程中一次回路对二次回路产生的干扰。

同时在变流器装置中加入熔断器作为后备保护,防止误操作引发微电网系统出现过流导致相关元器件损坏,确保实验室微电网平台的安全性。

3.2 模块级保护

针对模块一级的保护,主要是通过采样电路采集变流器装置的直流侧及交流侧的电压和电流,然后通过运算放大电路处理后,将信号传递至CPLD。CPLD上电初始化并判断系统没有出现过压及过流问题后,给继电器一个高电平信号,使其闭合,当CPLD接收到采集信号后,经过内部逻辑判断微电网实验平台是否存在过压和过流问题,若存在相关问题,给继电器一个低电平信号,使继电器断开,确保变流器装置及实验平台的安全性。

4 典型仿真与实验效果

4.1 储能并网仿真测试

为模拟微电网系统的储能并网实验,将接触器QF1、QF2、QF5、QF6、QF7闭合,通过隔离变压器将220V的交流电变为30V,变流器2装置利用DC/AC模块通过双闭环控制原理将30V交流电整流为100V的直流电,然后利用DC/DC模块通过双闭环控制原理将100V直流电降压为48V的直流电用来模拟储能系统,然后变流器4装置通过PQ控制控制原理指定150W的有功功率和100var的无功功率,给负载和电网进行供电,变流器4装置的功率输出如图2所示。

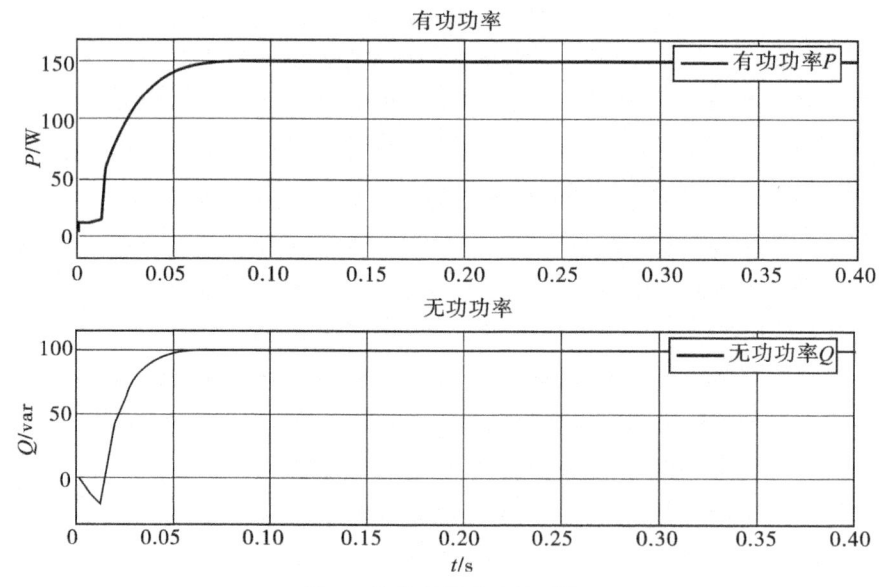

图 2 储能并网功率波形图

4.2 光储离网仿真测试

为模拟微电网系统的光储离网实验,将接触器 QF1、QF3、QF4、QF5、QF6、QF7 闭合,变流器 1 装置和变流器 2 装置通过整流和降压,使输出的直流电压为 48V,其控制原理和上述的储能并网部分相似,用来模拟光伏系统和储能系统,变流器 4 装置采用 V/F 控制控制定微电网系统的电压和频率,变流器 3 装置则采用 PQ 控制定功率给负载进行供电,变流器 4 装置定电压和频率如图 3 所示。

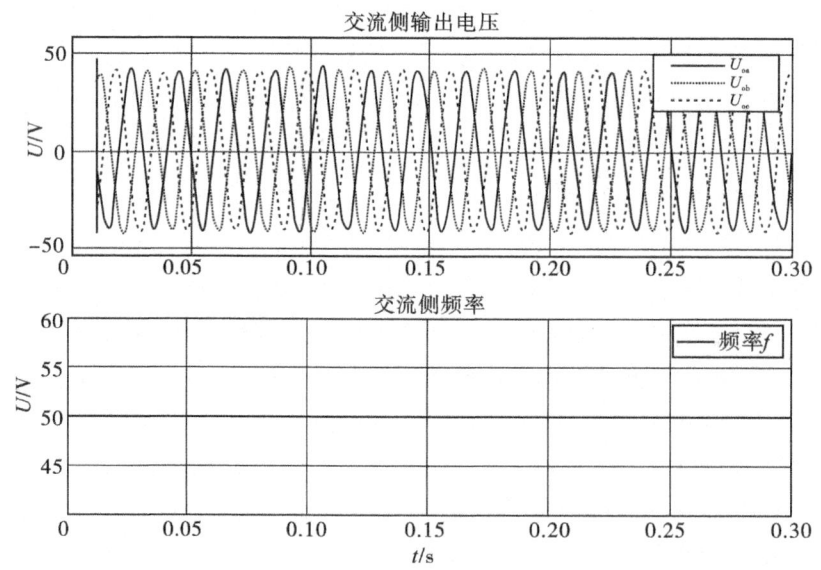

图 3 光储离网功交流电压和频率波形图

通过上述 2 个仿真实验测试结果,该实验室微电网平台完整的模拟出微电网的储能并网运行工况和光储离网运行工况,满足实验的目标。

5 结论

1)设计了仿真与下载集成的实验室微电网,对其拓扑结构和实现功能进行设计。在低压安全、结构简单的前提下,实现光储微电网的绝大多数运行工况。

2)通过对实验室微电网平台的系统级和模块级的保护设计,使微电网能够在相对安全的前提下运行。

3)利用实验室微电网平台模拟光储微电网运行的仿真测试能够达到预期目标,实现相应的功能。

参考文献

[1] 张继红,齐晔,杨培宏,等.微电网实验教学平台研制[J].电气电子教学学报,2016,38(1):129-131.

[2] 葛瑜,方如举,张军利.新工科背景下微电网实验平台的构建与实践[J].许昌学院学报,2019,38(2):153-156.

[3] 杨为等.微电网实验平台的设计[J].合肥工业大学学报,2010,33(1):38-41.

[4] 宋关羽,袁浩,王智颖,等.小型风/光/储微电网实验平台[J].实验技术与管理,2020,37(5):85-88.

[5] 宋关羽,王智颖,李鹏,等.新能源微电网综合实验平台及教学研究[J].电气电子教学学报,2021,43(1):112-116.

[6] 梁雪,李鸿儒,张伟宏,等.微电网实验室的建设与实验平台搭建[J].实验室研究与探索,2015,34(4):224-227.

[7] 胡平,祁鑫,梁栋.风光储互补型微电网实验室设计与建设[J].实验室研究与探索,2020,39(4):229-233,280.

[8] 本刊讯.福建省内首个风光储充微电网实验室建成[J].华东电力,2014,42(3):553.

[9] 张建良,于淼,包哲静,等.微电网仿真实验平台的设计与实现[J].实验技术与管理,2018,35(9):150-153.

[10] 陆玲霞,万克万,于淼,等.直流微电网信息物理系统实时仿真实验平台[J].实验室研究与探索,2021,40(7):100-105.

[11] 汪亮,吴韬,彭勇刚,等.光伏主导的交直流混合微电网实验平台[J].实验室研究与探索,2020,39(9):74-78.

基于 Arduino 的数字可调直流稳压源设计

王靖奕,王 晛,高昕悦

(西安交通大学 电气工程学院,陕西 西安 710049)

摘 要：我校开展的本科生电路开放性实验项目：常用电学仪器仪表的简单设计与功能实现——直流稳压源,要求学生分析直流稳压源电路的基本结构,利用 Multisim 仿真平台进行电路搭建,借助 Arduino 开发平台进行可调式直流稳压电路的设计,完成简易的固定式直流稳压电路和数字可调直流稳压电路的设计及附加功能的实现。该开放性实验能加深学生对基础电路知识的理解,培养学生独立思考、理论转化为实践的能力。

关键词：开放实验；直流稳压源；Multisim 仿真；Arduino 编程

中图分类号：G642.0；O441.1

Design Experiment of Digital Adjustable DC Voltage Regulator Based on Arduino

Wang Jingyi, Wang Xian, Gao Xinyue

(School of Electrical Engineering, Xi'an Jiaotong University, Xi'an 710049, Shaanxi, China)

Abstract: Our university carries out the simple design and functional implementation of commonly used electrical instruments and meters in undergraduate circuit course open experimental projects-DC Voltage Regulator Source. It requires that students should analyze the basic structure of the DC Regulator Source circuit, use the Multisim simulation platform for circuit construction, carry out the design of the Adjustable DC Regulator Circuit through the Arduino Development Platform, and finally complete the design and additional functions of the Fixed DC Regulator circuit and the Adjustable DC Regulator circuit. The experimental project deepens students' understanding of basic circuit knowledge, cultivates students' ability to think independently, and transforms theory into practice.

Keywords: open experiment; DC regulator source; Multisim simulation; Arduino programming

1 引言

根据教育部建设一流本科课程,树立课程建设新理念,推进课程改革创新,课程设计做到"两性一度"要求[1]。近年来我校开设了多个本科生开放性实验项目,提升了学生的创新实验能力与专业能力。电子技术类课程开放性实验项目培养了大学生的实践能力和创新精神,有效提高了电子技术实践课的课程质量[2]。

电源电路是一切电子设备的基础。目前,很多应用场景需接入直流电,直流稳压电路适用环境广泛。我校开展的电路开放性实验项目"常用电学仪器仪表的简单设计与功能实现——直流稳压源",基

作者简介：高昕悦,女,硕士,工程师,主要从事电学基础课程的实验教学工作。

于 Multisim 仿真平台和 Arduino 平台进行电子电路设计,帮助学生开拓思维创新,加深对电路基本原理的理解[3]。

2 实验设计要求及思路

基于直流稳压电路的基本组成,设计并制作简易的直流稳压电源,实现固定式与可调式两类直流稳压的功能:固定式要求固定电压(5 V、10 V)输出;可调式要求通过指示灯指示稳压电路工作状态、数码管显示输出电压并通过 Arduino 控制输出电压可调(0~5 V)。

首先,确定固定式稳压源电路设计思路,如图 1 所示,通过 Multisim 仿真检验设计可行性,进行实际电路搭建,经过测试后焊接,实现固定电压输出[4]。第二步利用 Arduino 及相关拓展元件,设计指示灯,数码管显示,按键控制及运算放大模块,与固定式稳压输出电路结合并改进,实现工作状态、输出电压实时显示且可调的直流稳压电源,设计思路如图 2 所示。最终通过实测分析电路工作参数,总结直流稳压电路工作性能。

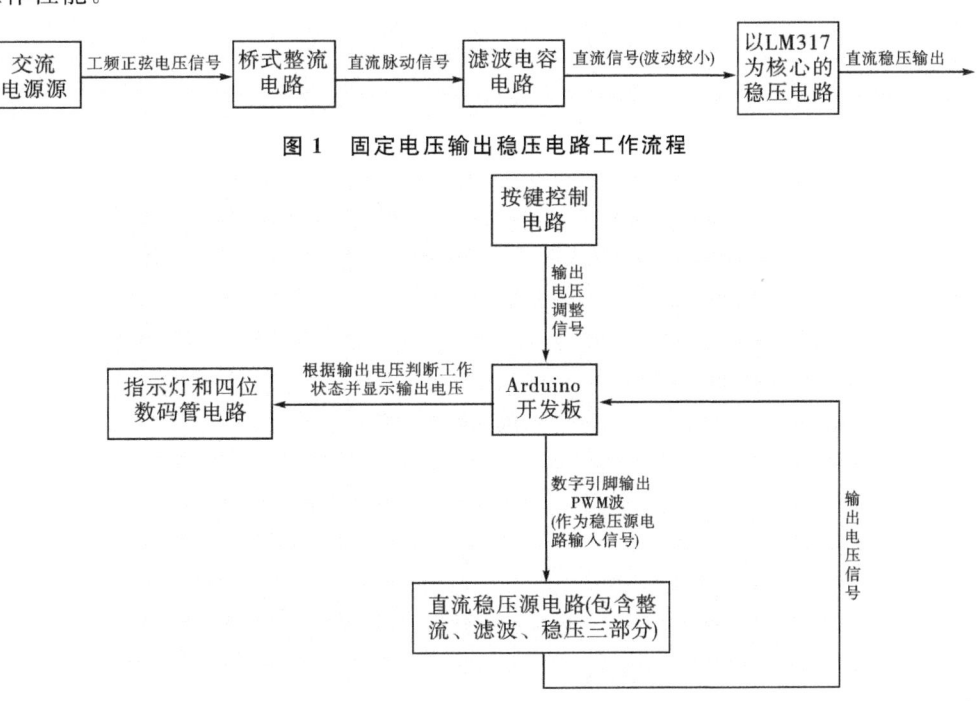

图 1 固定电压输出稳压电路工作流程

图 2 可调式直流稳压电路工作流程

3 实验原理

3.1 基本电路设计原理及参数选择

直流稳压电源一般包含电源变压器、整流电路、滤波电路、稳压电路 4 个部分[5]。

实测过程中,输入电压为信号发生器输出的正弦电压,因此本实验电路不考虑降压变压器部分,由单相整流电路,电容滤波电路和串联线性稳压电路 3 部分组成。

1)整流电路设计原理及器件选择

本实验采用常见的桥式整流电路实现整流功能,电路结构如图 3 所示[6]。

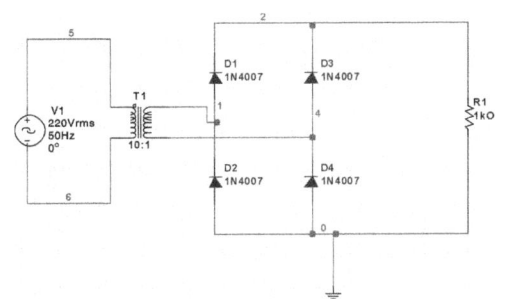

图 3 桥式整流电路

桥式整流电路利用二极管的单向导通性，在不同半周期构建2条不同电流通路，将正弦输入电压整流为直流脉动电压，图4、图5分别为经过桥式整流电路前后的电压波形。

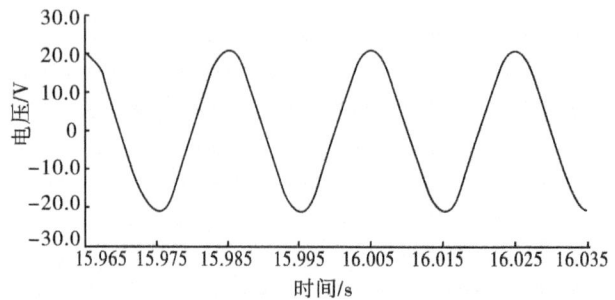

图4　输入工频正电压信号波形

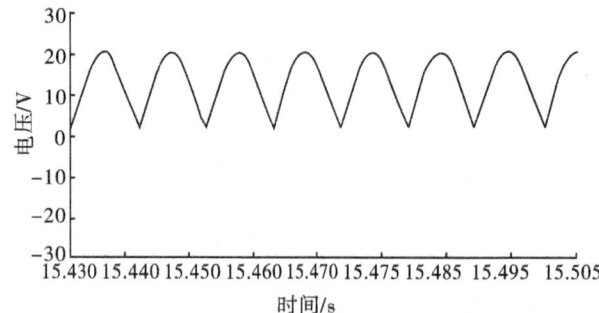

图5　经桥式整流电路后波形

IN4007整流管是一种实验室常用的二极管，最高反向耐压为1000 V，远高于变压器二次侧输出电压峰值21.21 V，足以承受其电压，符合电路参数要求，可用以搭建整流电桥。

2) 滤波电路设计原理及器件选择

本实验采用与负载 R_L 并联的滤波电容 C_1 实现滤波功能，如图6所示，以得到较为平滑的输出电压。

当电容两端电压变化时，电容随之在充电与放电2种工作状态之间切换，能够降低负载 R_L 上输出电压的波动幅度。电容量 C_1 越大，电容放电的速度越慢，输出电压越平滑，滤波效果就越好。图7为仿真得到的经过滤波电路后的电压信号。

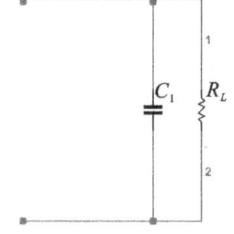

图6　滤波电路

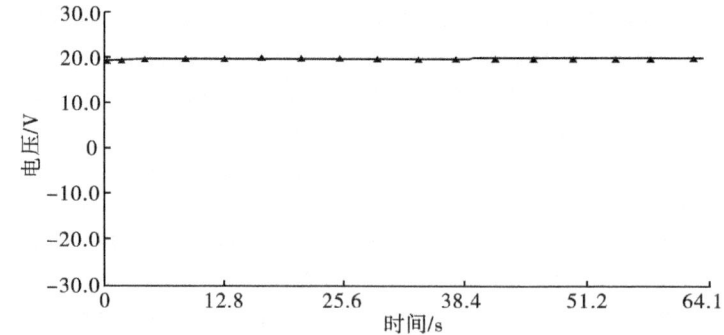

图7　经过滤波电路后的电压波形

为达到较好的滤波效果，综合考虑安全性、稳定性，仿真对比了2200 μF，1500 μF，1000 μF等几个不同大小电容的滤波效果后，决定使用 $C=2200$ μF 的滤波电容。

3) 稳压电路设计原理及器件选择

使用LM317稳压器为核心器件实现稳压功能，以获得更为稳定的输出电压[7]。

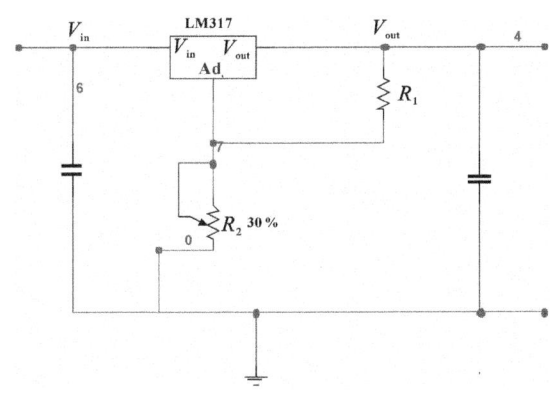

图8 LM317基本应用电路

LM317是一种使用方便、应用广泛的集成稳压块,输出电压可调[8]。典型应用电路如图8所示,输出电压与电阻R_1和电位器R_2有关,记调节端Adj电流为I_{Adj},则

$$U_{Vout}=1.25\text{V}\left(1+\frac{R_2}{R_1}\right)+I_{Adj}R_2 \quad (1)$$

式中:$I_{Adj}\approx 30\sim 50~\mu\text{A}$,一定程度上可忽略不计,故流过$R_1$和$R_2$电流近似相等。输出端$V_{out}$和调节端Adj之间的输出电压恒为1.25 V,其稳定工作的最小电流$I_{min}\approx 5$ mA,故$R_{1max}=\dfrac{U_{Vout}}{I_{min}}=250~\Omega$。本实验中取$R_1=100~\Omega$,由此可以确定电位器$R_2$的最大值。

根据实验要求最大输出电压$U_{Vmax}=10$ V,由

$$U_{Vmax}=1.25\left(1+\frac{R_2}{R_1}\right) \quad (2)$$

解得:$R_{2max}=\left(\dfrac{U_{Vmax}}{1.25}-1\right)\times R_1=700(\Omega)$。

故实验选择最大电阻为1000 Ω的滑动变阻器。

为了防止外部电路变化对LM317造成损坏,在V_{in}和V_{out}之间,Adj和V_{out}之间,分别添加D_2、D_3 2个二极管稳压,提升电路安全性。

3.2 基于Arduino的输出电压可调电路设计原理

本实验选用Arduino UNO R3开发板实现对稳压源工作状态的检测、指示和对输出电压的控制、显示。

1)稳压管工作状态检测和指示

首先,连接稳压源输出电压信号与开发板模拟引脚A5,读取模拟引脚上的模拟输入值val(数值,value),根据公式$V=\dfrac{\text{val}}{1023}\times 5$,得到模拟引脚上的电压值。由于本实验负载两端电压值可能大于Arduino输入电压的允许范围(0~5 V),需设计分压电路,分压后接入A5的电压为实际输出电压的$\dfrac{1}{2}$。则电路实际输出电压为$U=\dfrac{\text{val}}{1023}\times 5\times 2$,将$U$值打印至串口监视器便于观察和调试。最后,为判断稳压管工作状态,设计程序每480 ms检测一次电压值并与上一次测得值比较。若差值在0.5 V以内则绿色指示灯亮,示意稳压电路工作正常;否则红色灯亮,示意电压波动较大,稳压电路工作异常。此外,当检测到U值大于5 V或小于0 V时,红色灯亮,示意电路异常。

2) 四位数码管显示电压值

采用共阴极4位数码管显示已获取的实际输出电压值U。若U值大于5 V或小于0 V,数码管显示0.00。根据数码管引脚分布和工作原理,将1~12号引脚分别按照表1所示与对应的开发板引脚相连,编程实现数码管实时显示精确到小数点后第2位的输出电压值[9]。

表1 四位数码管编号与开发板引脚编号对应关系

数码管引脚	1	2	3	4	5	6
数码管段	e	d	Dp	c	g	第4段
Arduino接口	8	9	10	11	12	13
数码管引脚	7	8	9	10	11	12
数码管段	b	第3段	第2段	f	a	第1段
Arduino接口	A0	A1	A2	6	7	5

3) 按键调节电压值

实际电路中,输出电压不完全遵循式(2),当R_2值较大,电路输出电压接近饱和值时,稳压源电路的实际输出电压与输入电压呈现接近线性的关系,如图9所示。

基于该实验规律,利用Arduino数字引脚3输出占空比可调的PWM(Pulse Width Modulation,脉冲宽度变调电路)作为稳压源电路的输入信号。为调节PWM值,设计包含两个轻触开关的开关电路,分别连

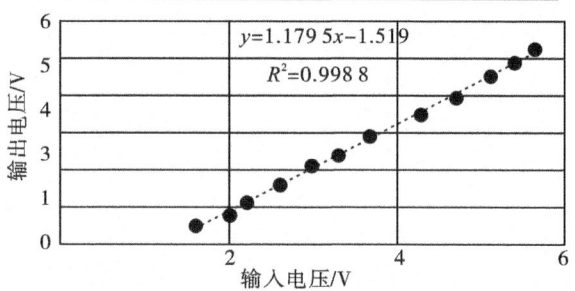

图9 输出电压与输入电压关系

接引脚2、4。当检测到开关状态变化时,相应减小或增大引脚3输出值pm,以调节输入电压信号的有效值,进而调节输出电压。

为实现输出电压在按键控制下均匀变化,实验测得U_{out}与pm值对应关系如表2所示,根据该表改变引脚输出值,即可实现每次按压按键,稳压源输出电压变化0.5 V。

表2 输出电压与引脚pm值对应关系

pm	0	2	8	14	20	27
U_{out}	0	0.5	1	1.5	2	2.5
pm	33	40	48	56	64	
U_{out}	3	3.5	4	4.5	5	

基于Arduino的输出电压可调的稳压电源引脚和电路连接如图10所示。

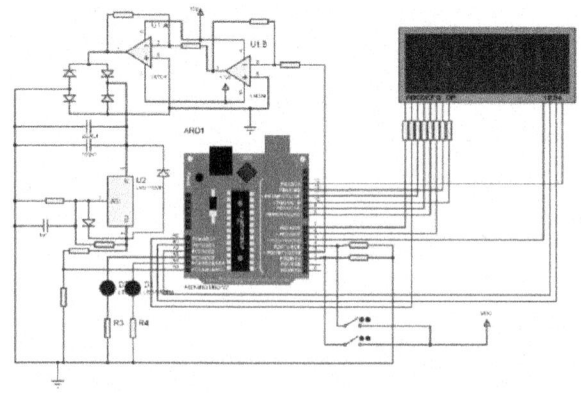

图10 可调式直流稳压电源原理图

4 电路仿真设计与实现

4.1 基于 Multisim 仿真软件的电路仿真

基于上述原理,在 Multisim 软件中搭建固定输出的稳压电源电路如图 11[10]所示。

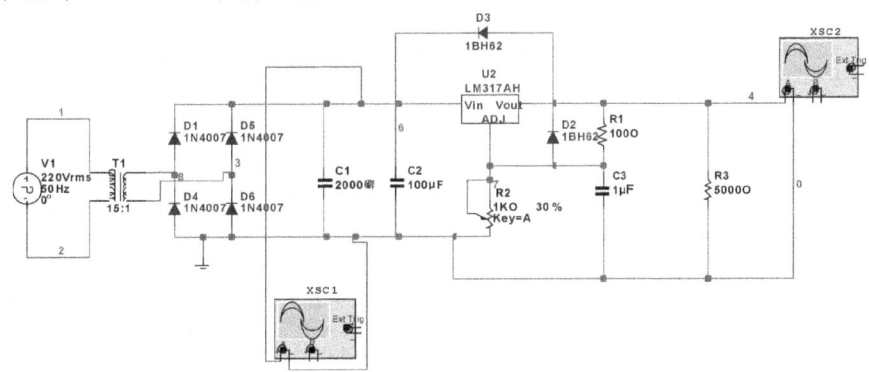

图 11 Multisim 仿真固定式直流稳压电路原理图

当 R_2 为 300 Ω 时,示波器 2 即稳压电路输出电压如图 12 所示,仿真实现输出电压基本稳定在 5 V;当 R_2 为 700 Ω 时,稳压源电路输出电压稳定在 10 V,验证了实验方案的可行性。

4.2 实物搭建与焊接

借助万用板、焊接工具等,搭建、焊接基于上述实验思路设计的可调式直流稳压源如图 13 所示。

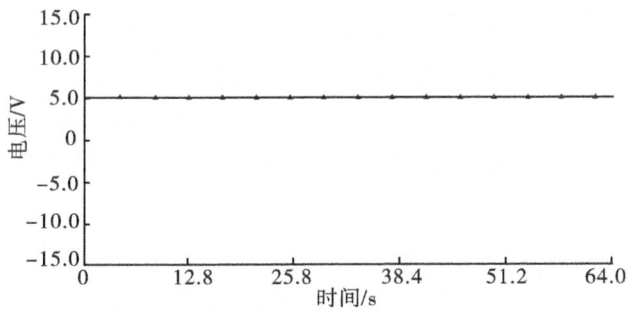

图 12 稳压电路输出信号

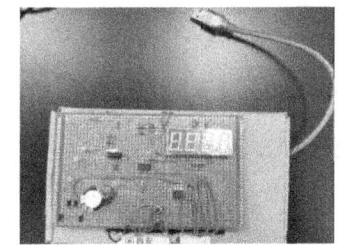

图 13 实验焊接成品

5 实验结果及分析

5.1 实验结果展示

1)固定式稳压输出

设定输入电压 $U_1=6.0$ V,$R_1=100$ Ω,负载 $R_L=461$ Ω,当电位器 $R_2=297$ Ω 时,输出电压平均值 $U_o=5.0$ V。R_2 与理论值 300 Ω 相对误差为 1.0%,基本实现 5 V 稳压输出,如图 14 所示。

设定输入电压 $U_1=10.6$ V,$R_1=100$ Ω,负载 $R_L=461$ Ω,当电位器 $R_2=688$ Ω 时,输出电压平均值

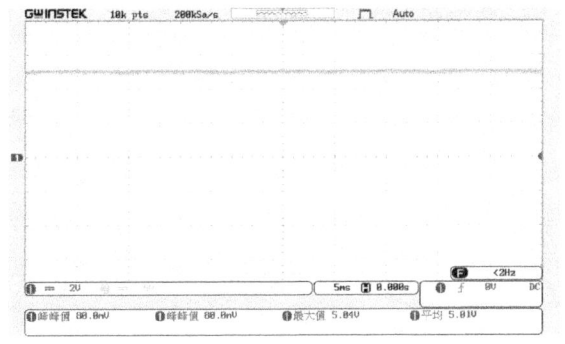

图 14 5 V 稳压输出结果

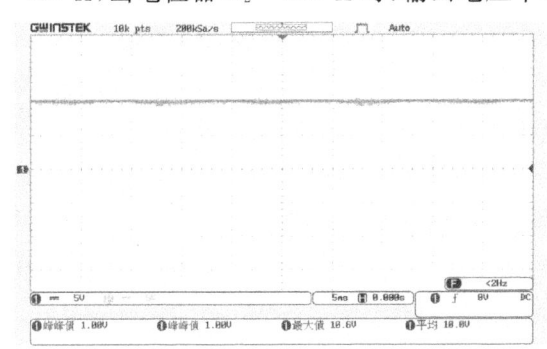

图 15 10 V 稳压输出结果

$U_o=10.0$ V。R_2 与理论值 700 Ω 相对误差为 1.7%。基本实现 10 V 稳压输出,如图 15 所示。

2)可调式稳压输出

实测记录按键次数与输出电压稳定值关系如表 3,按键次数指按增加键次数与按减小键次数之差。

表 3 按键控制输出电压

按键次数	−1	0	1	2	3	4
标准电压/V	—	0.50	1.00	1.50	2.00	2.50
稳定电压/V	0.00	0.50	1.00	1.51	2.02	2.54
相对误差/%	—	0	0	0.67	1	1.60
指示灯状况	红灯	绿灯	绿灯	绿灯	绿灯	绿灯
按键次数	5	6	7	8	9	10
标准电压/V	3.00	3.50	4.00	4.50	5.00	—
稳定电压/V	3.00	3.48	4.02	4.51	5.03	0.00
相对误差/%	0	0.57	0.50	0.22	0.60	—
指示灯状况	绿灯	绿灯	绿灯	绿灯	绿灯	红灯

可实现 0~5 V 等间隔可调式直流稳压输出。相对误差控制在 2% 以内,符合实验设计要求。

5.2 稳压源性能评估

负载调整率指输入电压不变的情况下,在一定范围内改变负载时,输出电压的最大相对变化量。计算公式为

$$S_i = \frac{\Delta U_o}{U_o} = \frac{|U_{o2}-U_{o1}|}{U_o} \times 100\% \tag{3}$$

其中,U_{o2} 为空载时输出电压,U_{o1} 为满载时输出电压,U_o 为额定负载时输出电压。

1)负载阻值对 5 V 稳压源输出电压的影响

$R_1=100$ Ω,输入电压 $U_1=6.0$ V 条件下,改变负载阻值,得到 R_L 与 U_o 对应关系如表 4。

表 4 负载阻值对 5 V 稳压源输出电压的影响

$R_L/\text{k}\Omega$	0.461	1.203	5	19.85
U_o/V	5.00	5.02	5.02	5.02

得:$U_{o1}=5.00$ V,$U_{o2}=5.02$ V,$S_i=0.4\%$。

2)负载阻值对 10 V 稳压源输出电压的影响

$R_1=100$ Ω,输入电压 $U_1=10.6$ V 条件下,改变负载阻值,得到 R_L 与 U_o 对应关系如表 5。

表 5 负载阻值对 10 V 稳压源输出电压的影响

$R_L/\text{k}\Omega$	0.461	1.2	5	1 203
U_o/V	10.00	9.46	9.53	9.62

得:$U_{o1}=10.00$ V,$U_{o2}=9.62$ V,$S_i=3.8\%$。

结果显示 5 V 输出时,S_i 很小,负载大小对输出电压基本无影响;10 V 输出时,$S_i=3.8\%$,输出电压明显随负载阻值变化,10 V 稳压源稳定性不如 5 V 稳压源。

5.3 误差分析与改进方法

图 14、图 15 所示固定式输出电压存在较大波动,这是由于本实验使用的稳压管、滤波电容等不是理想元件、精度不足,实验使用的电源输出功率有限;电路系统是一个较为简单基础的稳压系统,不具备很高的抗干扰能力和精确度。

表 3 显示可调稳压源输出结果与理论值存在一定误差,由于人工焊接质量不齐,部分元件电学特性

可能发生变化；另外此电路稳定性不足，引脚3输出PWM占空比较小时，稳压电路需较长的调整和稳定时间。

为减小误差，提高精度，后续实验中可作如下改进：第一，实测3号引脚输出值pm和输出电压的关系时，等待输出电压稳定后再读数；第二，可引入闭环反馈提高输出电压稳定性；第三，可调式稳压电路设计部分应省去桥式整流电路以减小损耗和误差。

6 结语

本开放实验项目主要考查学生在电子设计中理论联系实际，开创性思维的能力。将直流稳压源的基础电路设计与开源平台结合，提高了学生对直流稳压功能电路的认识，编程能力和实操能力。该项目加深了学生对实际实验环境与理想实验差异的理解，为日后复杂电路设计积累经验。

参考文献

[1] 中华人民共和国教育部政府门户网站.教育部关于一流本科课程建设的实施意见[EB/OL].(2019-10-30)[2022-8-10]. http://www.moe.gov.cn/srcsite/A08/s7056/201910/t20191031_406269.html.

[2] 张新安,李春树,潘海军.电子技术课程实践教学改革的研究与实践[J].实验室研究与探索,2010,29(11):293-296.

[3] 任君玉.基于Multisim的模拟电子技术实验教学改革[J].实验科学与技术,2022,20(3):57-63.

[4] 潘爽.可调式直流稳压电源的设计与仿真研究[J].新型工业化,2021,11(3):164-166.

[5] 杨拴科,赵进全.模拟电子技术基础[M].2版.北京:高等教育出版社,2010.330-354.

[6] 梁丽.Multisim在直流稳压电源仿真与分析中的应用[J].中国教育技术装备,2017(16):41-42.

[7] 袁捷,李雨慷.探讨LM317三端可调稳压器原理及应用[J].数字技术与应用,2011(4):66-68.

[8] 范建新.分立元件型直流稳压电源的改装[J].实验室研究与探索,1993(1):69-70.

[9] 冯瑞珏,李志锋,马海霞.直流稳压电源实验案例的设计与教学[J].中国现代教育装备,2021(13):127-130.

[10] 郑宾.Multisim仿真在模拟电路实验教学中的应用[J].实验室研究与探索,2013,32(2):103-105,122.

专属参数在电路实验中的应用*

王亚舟,李 恒,董 凌,赵 磊,刘 静,刘 辉

(昆明理工大学 信息工程与自动化学院,云南 昆明 650500)

摘 要:电路实验内容较多是验证基础理论,这一特点决定了实验案例难以经常更新,而案例重复使用必然导致抄袭现象加剧。针对这一问题,本文提出将专属参数应用到电路实验教学中,对验证型电路实验专属参数设计流程中的模型构建、参数范围设定、批量参数生成、安全性评估等部分展开阐述,并指出参数应用中需要关注的问题。多年的教学实践证明,专属参数在电路实验中的应用能有效提升实验教学质量,达成实验教学目的。

关键词:专属参数;电路实验;Matlab;实验安全

中图分类号:TN4

Exclusive Parameters Application in Verifying Circuit Experiment

Wang Yazhou, Li Heng, Dong Ling, Zhao Lei, Liu Jing, Liu Hui

(Faculty of Information Engineering and Automation, Kunming University of Science and Technology, Kunming 650500, Yunnan, China)

Abstract: The content of circuit experiments is mostly about verifying basic theories, which determines that it is difficult to update experimental cases frequently, and repeatedly use of cases will inevitably lead to intensification of plagiarism. In terms of this problem, this essay proposes to apply exclusive parameters to circuit experiment teaching, expounds the model construction, parameter range setting, batch parameter generation, security evaluation and other parts in the design process of exclusive parameters in verification circuit experiment, and points out problems that need to be taken into consideration in parameter application. Years of teaching practice has proved that application of exclusive parameters in circuit experiments can effectively improve the quality of experimental teaching and achieve the purpose of experimental teaching.

Keywords: exclusive parameters; circuit experiment; Matlab; experimental safety

1 引 言

如何有效提高大学生解决实际问题的能力,一直是电工电子实验教学改革的热点[1]。然而电路实验多以验证型实验为主,其实验内容来自理论课的基本定理[2]。这类实验的特点是电路结构固定、实验要求相同、实验结果趋于一致,因此学生抄袭实验数据的问题就难以避免[3]。因此,如何设计验证型实验案例、改进实验教学设计、夯实实验教学质量,成为当前电路实验教学亟待解决的问题[4]。

---

*基金项目:云南省 2018 年高校本科教育教学改革研究项目(JG2018035);教育部 2021 年第二批产学合作协同育人项目(202102331006,202102331006);昆明理工大学国家级一流课程建设经费资助项目(109620210003)。

作者简介:王亚舟,男,硕士,实验师,主要研究方向为实验教学技术及实验室管理。

采用专属参数是解决此问题的一个重要手段。专属参数指的是在相同的电路结构或实验要求的前提下,给每个学生分配的电路参数、设计参数或测量参数各不相同,即一人一套实验参数。但是专属参数在验证型实验中应用时仍然存在一些问题。以电路实验的基尔霍夫定律为例,一方面,实验电路结构基本固定,电路图复杂度较低,专属参数排列组合的种类相对较少[5]。另一方面,部分专属参数的设计有可能超出电阻、电容等元器件的额定功率,给实验开展带来了一定的安全隐患[6]。为此,本文对专属参数在验证型电路实验中的应用展开分析,并提出解决上述问题的办法。

2 验证型电路实验的专属参数设计

2.1 专属参数设计流程

教师选定一个电路拓扑结构作为实验对象后,首先在 Matlab 中"构建"该电路的模型,描述各元件电压、电流、阻值、功率物理量之间的数量关系;然后再根据拟定的实验方案,选取部分元器件物理量作为专属参数变量,并根据实验条件、仪器设备受限情况、测量方便程度等因素设定专属参数的取值范围;然后,使用 Matlab 随机函数批量自动生成专属参数,并对该专属参数可能导致电路各元器件的功率情况进行安全性审核,如果存在安全隐患则重新生成专属参数,若无,即可将该专属参数分配给学生[7-8]。流程图见图 1 所示。

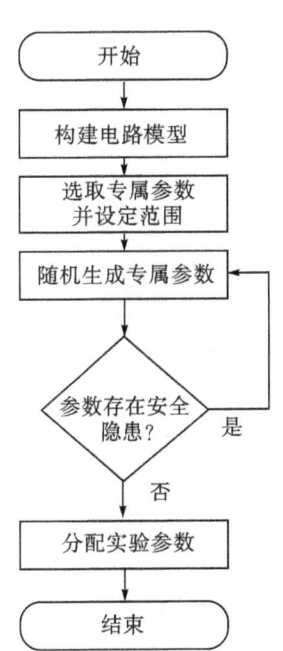

图 1 专属参数设计流程图

2.2 电路模型的构建

实验专属参数的应用使得每个同学的电路参数均不相同,从而每个学生的预期实验结果也各不相同[9-10]。教师必须提前获得每个学生实验的"参考答案"以便实验验收,因此,在设计专属参数前,首先要构建便于验证参数的电路模型。

可以使用 Matlab 函数编写需要验证的电压、电流、功率算法,并进行封装,通过调用函数,教师即可快速获得针对该组的专属参数,对应电压、电流、功率的理论计算值[11]。

以基尔霍夫第一定律(KCL)为例,实验中要求学生针对图 2 节点 a 验证 KCL,部分电压、支路电流参考方向如图 2 所示,实验元器件专属参数选取:U_s, R_1, R_2, I_s,即每个学生获得的这 4 个元件物理量数值各不相同。

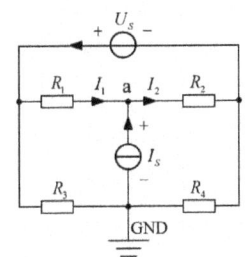

图 2 KCL 验证电路图

由 KCL 定律可知节点 a 的电流关系:

$$I_1 + I_S = I_2 \tag{1}$$

$$I_1 = \frac{U_s}{R_1 + R_2} - \frac{R_2}{R_1 + R_2} \cdot I_S \tag{2}$$

$$I_2 = \frac{U_s}{R_1 + R_2} + \frac{R_1}{R_1 + R_2} \cdot I_S \tag{3}$$

结合图 2 和公式(2)(3),在 Matlab 中构建支路电流计算函数 KCL_test_f(U_s, R_1, R_2, I_s)并进行封装。调用该函数时,将元器件专属参数对应值 U_s, R_1, R_2, I_s 传递进去,通过运行语句 function[I_1, I_s, I_2]=KCL_test_f(U_s, R_1, R_2, I_s)计算出的支路电流参考数值 I_1, I_s, I_2,并展示理论计算结果。

2.3 选取专属参数并设定范围

在此例中,实验要求为验证 a 节点的 KCL,即通过实验数据验证 $I_1 + I_S = I_2$,根据电路理论可知:为使每个学生实验得到的这组电流数值不重复,就需要为每个学生提供唯一的电压源、电流源、电阻值数据,因此,电路实验中通常可以选择激励源数值、电阻、电容等数值作为专属参数。

同时,需要合理设定各个元器件参数的取值范围。考虑到常用电压源设备的供电范围,取值范围设置为[6-15]V,精确到个位取整;从实验安全性考虑,电流源数值不宜过大,I_s取值范围设置为[0.005-0.020]A,精确到千分位;为将各个支路电流控制在200 mA以下,这里将R_1、R_2的阻值取值范围设置为[100-800]Ω,精确到十位取整。

2.4 随机生成专属参数

为了保证专属参数生成的随机性和多变性,在此过程中直接使用Matlab中自带的函数的randperm,此函数功能为随机打乱一个变量数组序列。在图2的例子中,我们输入变量为U_s, R_1, R_2, I_s,每一个输入变量都为一个$1*N$的矩阵,N的取值由变量的取值范围决定。通过randperm函数,就能确保每个学生分配到的专属参数不重复。然后,教师调用前述支路电流计算语句function$[I_1, I_S, I_2]$=KCL_test_f(U_s, R_1, R_2, I_s),获取对应该组元器件专属参数的各支路电流参考值,作为实践成绩考核依据。表1展示了使用Matlab随机生成专属参数的结果,表2呈现的是使用表1对应参数计算得到的各支路电流数值。

表1 随机生成的5组专属参数

输入参数(单位)	一组	二组	三组	四组	五组
U_s(V)	10	7	11	12	9
R_1(Ω)	480	720	180	540	570
R_2(Ω)	620	580	220	460	740
I_s(A)	0.012	0.007	0.013	0.01	0.015

表2 计算出的各支路电流参考值

支路电流(单位)	一组	二组	三组	四组	五组
I_1(A)	0.002 3	0.002 3	0.020 4	0.007 4	−0.001 6
I_S(A)	0.012 0	0.007 0	0.013 0	0.010 0	0.015 0
I_2(A)	0.014 3	0.009 3	0.033 4	0.017 4	0.013 4

2.5 参数安全性能评估

对于随机生成的实验专属参数,还需要进行安全性能的评估,确保设备、人员的实验安全。

由图2的参考方向设定可知电路中各元件的功率公式:

$$P_{US} = U_S \times I_{US} \tag{4}$$

$$P_{IS} = U_{IS} \times I_S \tag{5}$$

$$P_R = R \times I^2 \tag{6}$$

结合图2和公式(4)(5)(6),在Matlab中构建功率安全评估函数stu_safe_f($P_{USN}, P_{ISN}, P_{RN}, R_1, R_2, R_3, R_4, U_s, I_s$)并进行封装,其中$P_{USN}, P_{ISN}, P_{RN}$分别是电压源、电流源、电阻的额定功率,$R_1, R_2, R_3, R_4, U_s, I_s$是待评估的专属参数。该函数功能是比较该组专属参数条件下电压源、电流源、各个电阻的功率是否超过该元器件的额定功率。通过输入专属参数,将计算得到对应电压源、电流源、各电阻的实际功率。然后将实际功率和额定功率进行比较,如果所有元器件的实际功率都未超过额定功率,则表明不存在安全隐患,输出结果弹窗提示"所有元器件均工作在安全区域,可以进行实验";如果存在元器件实际功率超过额定功率时,则表明此组参数存在安全隐患,输出结果弹窗提示"某器件工作超过额定功率,请重新选择参数"。

3 专属参数实验中需要注意的问题

3.1 实验安全性和测量准确度的矛盾

在审核专属参数时,主要关注电路中电源、元器件是否存在超额定功率工作的情况,防止元器件损坏,但也要防止为保证实验的绝对安全,将电阻值取得过大,从而导致支路电流太小,仪器设备难以测量。

3.2 明确电源内阻数值

理想电压源内阻为 0 Ω,理想电流源内阻无穷大,但在实际电路中这一理想情况是难以达到的,当选取的电阻接近电源内阻数值时,将导致明显的分压、分流现象,使得实际测量到电压、电流数值与理论值较大偏差。所以,明确电源内阻数值,并在设定参数选取范围时加以规避是非常有必要的。

3.3 极限值参数的使用

如果部分专属参数将使电路部分元件工作在接近额定功率状态,在保证实验安全的前提下,建议仍然将这些参数分配给学生,以便让学生有效地感知真实电路和电路模型的差别。例如,上述基尔霍夫第一定律验证实验,通过对随机参数的选择,使部分电阻工作在接近额定电流、额定功率的状态下,学生就能清晰地观察到元器件的物理状态变化(温度升高、颜色变深等),从而更加重视实验前的安全性审核工作。

4 实施成效

4.1 实验案例设计效率的提升

电路实验更多是在进行电路理论的验证,这一特性决定了电路实验案例难以年年更新,重复使用经典实验案例必然导致实验数据抄袭的问题。由于专属参数生成的随机性,虽然每个学生的实验要求一样,但教师可以"一键生成"几百个学生的不重复实验参数清单,在保证实验安全的前提下,做到"案例不变,参数千人千变",有效提升了实验案例设计效率。

4.2 独立实验时长的增长和分析解决问题能力的提升

实施专属参数型实验后,虽然每个学生的实验电路相同,但不同的电路参数使得每个学生都有自己独一无二的实验任务,学生再也无法直接"借鉴"他人实验数据,唯一能"借鉴"的只能是他人的分析思路、实验步骤、仪器设备使用方法,因此,学生实际独立实验的时间明显增加,自主分析、解决问题的能力得以提升。

4.3 实验安全意识的提升

"专属"即"唯一",对于带有一定未知属性的实验,学生实验过程也会更加小心,再考虑到部分极限值参数的应用,更多学生会在实验过程中实施关注设备、器件的状态,也会更加重视通电前的实验安全性审查,学生整体实验安全意识得到明显提升。

5 结语

电路实验是电子电路系列课程中入门级的实践环节,多年的实践证明通过专属参数的应用,可以在不开发新的实验案例的前提下,让现有验证型电路实验旧貌换新颜,有效提升学生的实验时长、动手能力。相比电路实验,模拟电子技术、数字电子技术实验更贴近工程实际,通常实验案例中设计型占比较大,如何将专属参数应用到设计型实验中是下一步教学研究的关注点。

参考文献

[1] 李晓冬,李淑明."互联网+"背景下基础电路实验教学改革研究[J].教育现代化,2017,4(46):41-42.
[2] 董春云,秦红波,陈晓龙.电工电子创新设计性实验探究与应用[J].实验室科学,2022,25(5):6.
[3] 孙广辉,朱正伟,林胜男.地方高校电工电子"教,学,研"一体化实践教学模式探索与实践[J].轻工科技,2020(9):3.
[4] 胡仁杰,堵国樑,郑磊.电工电子实验教学体系改革与建设[J].实验技术与管理,2022,39(7):6.
[5] 智婷,汪金,薛俊俊.从电路分析实验教学到产业化人才培养[J].黑龙江科学,2021,12(17):3.
[6] 吴润强,徐琦霖,陈曦,等.电工电子实验室安全长效机制探究与实践[J].大学物理实验,2021,34(1):5.
[7] 程春雨,商云晶,马驰,等.《模拟电路实验与Multisim仿真实例》教程编写[J].实验室科学,2021,24(4):223-227.
[8] 董凌,李恒,薛晓军,等.基于SPOC的数字电子技术实验教学改革与实践[J].云南民族大学学报:自然科学版,2020,29(4):5.
[9] 黄林冲,戚小童.新时代高校人才培养模式对学生的全面培养探讨——基于虚拟仿真实验教学项目的载体作用[J].实验技术与管理,2020,37(6):4.
[10] 张薇薇.新工科背景下电工电子实验教学研究与探索[J].物联网技术,2020,10(10):3.
[11] 邓红雷,张仙玲,汪娟娟.电工与电子技术实验课程线上教学的研究与实践[J].实验室研究与探索,2021,40(7):5.

计算机技术与应用

计算机网络虚拟仿真实验教学系统设计与实践*

刘 进，杨 力

（西安电子科技大学 计算机科学与技术学院，陕西 西安 710071）

摘 要：计算机网络实验线下教学存在时间和地点不够灵活、理论教学与实验验证结合不够紧密、实验设备数量和型号受限、综合性实验难以开展等问题，通过分析计算机网络虚拟仿真实验的技术优势和研究现状，采用新华三 HCL 和华为 ENSP 网络仿真平台构建虚拟网络实验环境、Wireshark 网络协议分析软件分析常用的网络协议、NI 公司 LabVIEW 图形化编程软件完成计算机网络虚拟仿真实验教学系统集成设计，进一步分层次设计并迭代优化实验内容，为改善网络实验教学效率、培养学生的自主学习与创新意识、提升网络工程实践能力提供支撑。

关键词：计算机网络虚拟仿真实验；自主学习与创新；网络工程实践能力

中图分类号：TP393

Design and Practice of Computer Network Virtual Simulation Experimental System

Liu Jin, Yang Li

(School of Computer Science and Technology, Xidian University, Xi'an 710071, Shaanxi, China)

Abstract: Aiming at the issue that the disjunction between theory and practice for the fixed time and space of the traditional offline computer network experiment teaching, and for the type and quantity limitation of the experimental equipment, which lead to the comprehensive and innovative network experiment is difficult to implement. By analyzing the advantages, current research status and existing problems of the computer network virtual simulation experiments, a new computer network virtual simulation experiment system is proposed which comprehensively uses HCL, ENSP, Wireshark sniffer and LabVIEW software. The effort aims to improve the efficiency and effect of computer network experiment teaching, cultivate students' consciousness of independent learning and innovation, and enhance students' comprehensive practical ability.

Keywords: computer network virtual simulation experiment; independent learning and innovation; comprehensive practice ability

1 引 言

"计算机网络"作为互联网技术的基础和电子信息类专业本科生的核心专业课程，理论知识和实践技能相结合是学好该课程的关键。目前，计算机网络课程教学中存在的突出问题主要包括：①计算机网

---

* **基金项目**：国家自然科学基金青年科学基金项目（62001356）；西安电子科技大学2022年新实验开发重点项目。

作者简介：刘进，男，博士，高级工程师，主要研究方向计算机网络、无线通信、信号处理与图像处理技术。

络课程包括种类繁多、概念抽象的各类网络协议,仅通过理论教学的方式学生难以理解和运用所学网络理论知识来解决实际遇到的网络工程问题[1-2];②计算机网络实验线下教学方式存在实验学时短、上课时间和地点固定等问题,导致网络理论学习和实验验证环节结合不够紧密;③计算机网络实验线下教学中由于网络实验设备数量和型号受限,许多实验通常也是采用2～3人分为一组的分组方式进行实验,部分学生因为设备资源受限而没有机会实际操作网络设备开展实验,进一步导致理论教学与实践环节相脱节,让学生觉得学习计算机网络课程变得枯燥、乏味[3-4]。

计算机网络虚拟仿真平台依托互联网技术,利用虚拟现实技术来模拟物理的网络设备,打破线下网络实验教学实验课时和实验设备条件的限制,学生可以在任何时间和地点构建虚拟网络实验环境,开展网络实验内容的仿真验证,及时巩固和加深对网络基础理论知识的理解。此外,计算机网络虚拟仿真实验可以有效辅助和扩展传统线下实验教学方式和教学内容,改善计算机网络传统实验教学效率。更为重要的是,学生在操作实验的过程中,可以借助海量的互联网资源,独立自主地解决实验过程中遇到的问题,并开展创新性和综合性计算机网络实验内容设计和验证,有利于学生自主学习与创新意识的培养和综合实践能力的提升。因此,开展计算机网络虚拟仿真实验教学系统研究具有重要意义[5-8]。

目前普遍采用思科公司Cisco Packet Tracer软件来搭建虚拟网络实验环境[9-10],存在的主要问题包括:①从计算机网络设备国产化需求和安全性考虑,我国政府机关和企业级网络中主要使用华为和新华三公司的网络设备开展建设;②从网络工程师认证考试考虑,选择在国内发展的学生一般会参加面向新华三公司网络设备的H3CNE和面向华为公司网络设备的HCIA网络工程师认证考试;③我国高等院校计算机网络实验室建设中一般会首选华为和新华三公司的计算机网络设备产品。因此,从线上、线下混合式教学、学生参加网络工程师认证考试以及解决未来工作中实际遇到的网络工程问题作为出发点考虑,在计算机网络虚拟仿真实验系统构建中,更应该着重考虑使用面向国产化网络设备的新华三公司的网络实验平台(HCL)仿真软件和华为公司的企业级网络仿真平台(ENSP)仿真软件[11-13]。综上所述,计算机网络虚拟仿真实验教学系统设计遵循的思路是:①对新华三HCL网络仿真平台和华为ENSP网络仿真平台的特点进行分析,结合仿真平台特点设计合理的计算机网络虚拟仿真实验教学系统;②对计算机网络虚拟仿真实验内容进行分层次深入研究与迭代优化设计;③结合计算机网络虚拟仿真实验教学系统的预期教学效果以及学生实践过程中的意见反馈,对系统功能和实验内容进行补充和持续迭代完善。

2 计算机网络虚拟仿真实验教学系统设计

2.1 计算机网络虚拟仿真平台特点分析

(1)新华三云实验平台HCL特点分析

HCL是新华三公司开发的图形化的网络设备模拟软件平台,该平台功能简单、界面简洁,利用平台提供的H3C虚拟交换机、路由器和主机设备,可以轻松设计和构建虚拟网络环境,进一步完成虚拟网络设备和主机设备的配置和基础的虚拟网络测试实验。

(2)华为企业级网络仿真平台ENSP特点分析

ENSP是华为公司针对企业网络交换机、路由器等开发的图形化、可扩展的网络仿真平台,与新华三公司的HCL平台相比较,该仿真平台网络设备功能和种类更加齐全,可以支撑学生自主设计和开展综合性较强、复杂度较高的计算机网络模拟与测试实验。

(3) Wireshark 网络协议分析软件特点分析

Wireshark 是一款功能强大的网络协议分析软件,具备网络数据包捕获、网络数据包分析、统计信息生成、多种网络协议分析、支持多种操作系统和多种数据格式、可扩展性好等众多功能,可以用于帮助网络学习者深入了解网络通信的原理、细节和性能,辅助解决网络安全和故障问题。

(4) 安装 Windows Server 操作系统的虚拟机特点分析

在安装 Windows Server 操作系统的虚拟机上,学生可以在线上完成动态主机分配协议(DHCP)、域名解析协议(DNS)等网络服务相关和文件传输协议(FTP)、万维网服务(WEB)等互联网信息服务(IIS)相关的应用层网络服务器配置与测试实验。

(5) LabVIEW 图形化编程软件特点分析

LabVIEW 是美国 NI 公司开发的一款应用广泛且功能强大的图形化编程语言,与 C++、Java 等其他编程语言的显著区别是:LabVIEW 图形化编程语言采用数据流编程方式,其最大的优势是可以大大缩短程序开发周期,利用 LabVIEW 多面板技术可以对计算机网络虚拟仿真实验教学系统各功能模块和实验内容进行快速集成设计与实现。

2.2 计算机网络虚拟仿真实验教学系统设计

在分析计算机网络虚拟仿真实验平台特点的基础上,结合各实验平台的特点,进一步梳理计算机网络虚拟仿真实验内容,利用 LabVIEW 图形化编程软件完成计算机网络仿真平台软件和仿真实验内容的集成化设计与实现,设计思路与流程概述如图 1 所示:

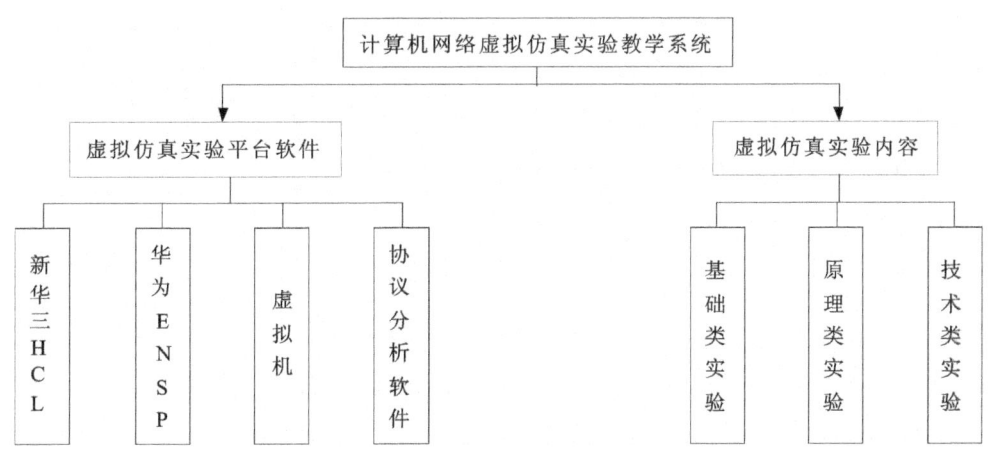

图 1　计算机网络虚拟仿真实验教学系统架构

(1) 网络基础实验:采用新华三 HCL 网络仿真云平台开展交换机 VLAN 配置与 VLAN 间通信、路由器配置与子网交换、静态路由和 RIP、OSPF 动态路由等网络基础实验,采用安装 Windows Server 操作系统的虚拟机完成动态主机分配协议(DHCP)、域名解析协议(DNS)等网络服务和文件传输(FTP)、万维网服务(WEB)等互联网信息服务(IIS)相关的应用层基础网络服务实验内容;

(2) 网络原理实验:采用新华三 HCL 和华为 ENSP 网络仿真平台、Wireshark 网络协议分析软件,完成网络节点通信模拟、网络数据包捕获、网络协议分析等网络原理实验,进一步深入理解网络分层体系结构、网络通信的原理和性能;

(3) 网络技术实验:采用新华三 HCL 和华为 ENSP 网络仿真平台完成多生成树(MSTP)、以太网链路聚合与负载分担、访问控制列表(ACL)、网络地址转换(NAT)、虚拟化堆叠 IRF(intelligent resilient framework)、ARP 攻击与防范、无线局域网管理与测试等技术实验;

（4）最后，使用NI公司的LabVIEW图形化编程软件，采用"多面板"技术，在LabVIEW中通过"子面板"来实现子VI的动态载入，完成计算机网络虚拟仿真实验教学系统功能的模块化集成设计与实现，具体实现形式如图2所示。

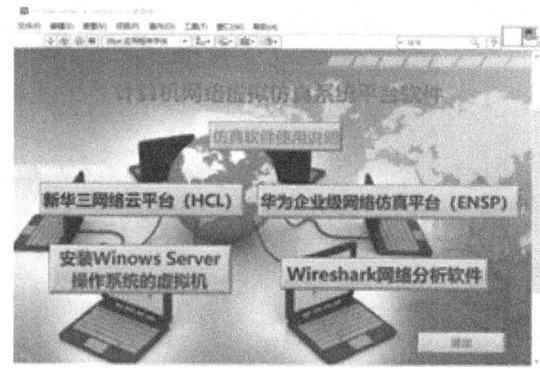

图2 计算机网络虚拟仿真实验教学系统集成设计

3 计算机网络虚拟仿真实验教学内容设计

从图2所示的计算机网络虚拟仿真实验教学系统集成设计中可以看出，计算机网络虚拟仿真实验内容作为其中重要的组成部分，本文归纳和总结了具有一定代表性的基础类、原理类和技术类实验内容，旨在起到"抛砖引玉"的效果，根据校内外老师和学生在使用系统开展网络实验过程中提出的建设性意见和建议，对虚拟仿真实验教学系统涵盖的实验内容进行不断迭代优化、补充和完善。

（1）基础类实验内容设计：计算机网络基础类实验内容主要采用线上、线下相结合的方式实现。例如网络直通线的制作需要在线下实验完成，让学生初步了解有线网络中使用的网络通信介质结构、功能和制作技巧。交换机、路由器相关的网络设备操作实验采用线上、线下相结合的方式：首先，学生在学习相关网络理论知识后，可以在线上先完成相关实验内容；其次，线下实验过程中还需要重点熟悉使用超级终端仿真软件访问网络设备，并结合实验内容进一步深入理解网络基础理论知识、网络设备的基本功能、网络设备的基本配置指令以及网络拓扑的设计与测试。计算机网络虚拟仿真实验教学系统中具体包含的网络基础类实验内容如表1所示。

（2）原理类实验内容设计：计算机网络分层体系结构是计算机网络课程的核心内容，以谢希仁教授编著的《计算机网络》等理论教材为依托，按照计算机网络的TCP/IP 5层网络体系结构顺序，由下到上安排计算机网络虚拟仿真实验教学原理类实验内容，并与教材中的相关理论相互印证，让学生能够深入地理解计算机网络分层次体系结构设计的核心思想、划分层次的必要性、分层次网络协议的基本概念、设计规则以及协议分层数据的封装与解封装，进而对计算机网络分层体系结构模型形成宏观的理解和认识。在此基础上，学生在解决实际网络工程问题和设计复杂网络时，能够以网络理论为指导来解决实际问题，并能够将复杂网络设计问题转化为若干较小的分层次局部设计问题进行研究与处理。计算机网络虚拟仿真实验教学系统中具体包含的网络原理类实验内容如表1所示。

（3）技术类实验内容设计：计算机网络技术是信息技术的重要组成部分，随着移动通信和移动互联网技术的飞速发展，计算机网络技术也需要不断拓展和创新。因此，计算机网络虚拟仿真实验教学系统技术类实验内容设计需要在基础类、原理类的实验内容的基础上，重点关注目前网络工程实际应用中的主流网络技术，让学生及时了解计算机网络技术的发展现状与趋势，掌握一些基本的和创新型的网络技术。计算机网络虚拟仿真实验教学系统中具体包含的网络技术类实验内容如表1所示。

表1 计算机网络虚拟仿真实验教学内容设计

实验分类	实验内容		
	实验名称	测试结果分析	知识点掌握及技能提升
基础类实验	(1)交换机 VLAN 通信实验	1)同一 VLAN 下的主机能够直接连通 2)不同 VLAN 下的主机不能够直接连通	1)交换机功能和工作原理,MAC 地址表 2)跨交换机 VLAN 划分 3)Trunk 功能和配置
	(2)路由器配置与子网交换、静态路由、RIP 路由、OSPF 路由、单臂路由实验	1)交换机用来组建局域网,路由器用来连接不同的局域网 2)不同局域网内主机的连通性测试	1)静态路由、RIP 路由、OSPF 路由、单臂路由工作原理和配置命令 2)网关的基本概念和配置
	(3)Windows 网络服务器配置	1)DNS 服务器正向与反向解析测试 2)DHCP/WEB/FTP 服务器配置与测试	1)DNS 和 DHCP 服务器工作原理和配置 2)WEB 和 FTP 服务器工作原理和配置
原理类实验	(1)物理层、数据链路层协议分析	1)使用 Wireshark 网络协议分析软件进行 802.3 帧格式、数据包分析测试 2)802.1QVLAN 帧格式分析与测试	1)物理层和数据链路层功能和工作原理 2)熟悉 802.3 协议、802.1Q 协议帧格式、封装与解封装、VLAN tag 标记及 VLAN 间通信原理
	(2)网络层协议分析	1)IP 协议帧格式、数据包分析测试 2)ICMP 协议帧格式、数据包分析测试 3)ARP 协议帧格式、数据包分析测试	1)网络层在计算机网络分层结构中的功能和工作原理 2)IP/ICMP/ARP 网络协议的功能、设计规则、数据帧格式封装与解封装
	(3)运输层协议分析	1)TCP 协议帧格式、数据包分析测试 2)UDP 协议帧格式、数据包分析测试	1)TCP 协议 3 次握手和 4 次挥过程和原理 2)UDP 协议工作原理
	(4)应用层协议分析	1)DNS/DHCP 协议数据包分析测试 2)HTTP/FTP 协议数据包分析测试	1)应用层在计算机网络体系中的功能和工作原理 2)DNS/DHCP/HTTP/FTP 应用层协议的功能、数据帧封装与解封装

(表1续)

实验分类	实验内容		
	实验名称	测试结果分析	知识点掌握及技能提升
技术类实验	(1) ACL 访问控制列表与 NAT 网络地址转换实验	1)配置 ACL 访问控制列表配置与测试 2)NAT 网络地址转换配置与测试	1)ACL 和 NAT 的功能和工作原理、ACL 的规则 2)Basic\Easy IP\NAT Server 配置命令
	(2) ARP 攻击与防范技术实验	使用 Wireshark 网络协议分析软件分析 ARP 请求和响应报文	1)ARP 协议工作原理、请求与响应报文格式分析 2)ARP 欺骗、攻击与防范
	(3) IRF 虚拟化技术实验	交换机级联与堆叠配置、分析与测试	1)IRF 虚拟化技术概念 2)交换机堆叠和级联的联系和区别 3)MSTP 多生成树技术 4)链路聚合与负载均衡配置命令
	(4) 无线局域网构建、管理与测试实验	1)基于网络控制器(AC)和网络接入点(AP)的无线局域网构建 2)无线网络管理与测试	1)无线网络基本理论知识 2)无线网络 802.11 系列标准 3)无线网络系统架构设计 4)无线网络 AP 管理、服务模版配置与射频加载、无线加密与无线认证配置

4 系统使用方式及预期教学效果

4.1 系统使用方式简介

在计算机网络虚拟仿真实验教学系统和实验内容设计基础上,基于学校已经建设好的服务器集群资源,虚拟仿真实验教学系统平台(包括虚拟仿真网络平台软件及软件操作说明)及所涵盖的实验内容(包括实验课件、实验讲义、实验案例、实验报告范本等)均采用本地云服务器方式进行部署,针对校内外高等院校老师和学生开展计算机网络虚拟仿真实验的使用需求,进一步设计和完善用户身份注册、权限设置以及身份认证等资源访问功能,构建校内、外共享的计算机网络虚拟仿真实验教学系统平台。

4.2 预期教学效果

基础类网络实验内容拟通过课外线上实验(计算机网络虚拟仿真实验教学系统平台)、课内线下实验(包含交换机、路由器等物理网络设备的基础实验平台)相结合的混合式教学方式开展。首先,学生在学习网络理论知识后能够自主在虚拟仿真实验平台开展实验验证,从而对整体的实验流程和实验步骤有更加全面的把握,当实验过程中遇到问题时,学生需要更加独立的思考问题产生的原因和解决问题的办法;其次,在线下实验课程中进一步对实验内容进行实验验证,同时老师对学生在线上虚拟仿真实验过程中遇到的问题进行线下解答和指导,进一步加深学生对计算机网络基础理论的认知。

由于线下实验课时受限的原因,原理类和技术类实验内容拟通过课外线上自主学习的形式开展,实验时间更加自由和灵活,有利于学生深入理解抽象的网络理论、复杂的网络协议和完整的网络体系模型,掌握目前主流的计算机网络技术,重在培养学生的自主学习与创新能力以及独立解决复杂网络工程问题的能力。同时,通过借助西电智课平台、西电课堂、雨课堂、腾讯会议等丰富的互联网交互平台,及时收集校内外老师和学生在使用系统过程中的建设性意见和建议,并结合计算机网络技术的研究现状和发展趋势,不断完善计算机网络虚拟仿真实验教学系统功能,补充和完善无线网络、网络安全、网络性能管理、5G移动通信、物联网、区块链以及人工智能等创新性和综合性实验内容,为提升计算机网络课程教学效率和教学质量提供有效支撑。

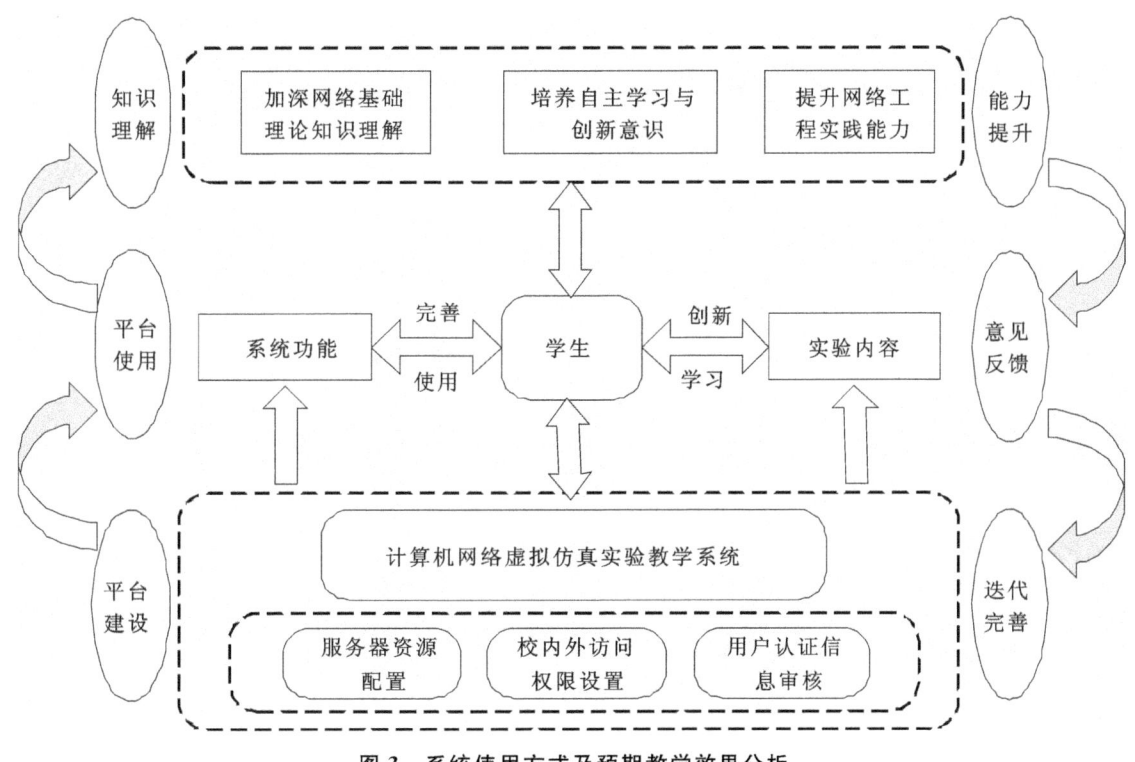

图3 系统使用方式及预期教学效果分析

5 结语

通过开展计算机网络虚拟仿真实验教学系统与实验教学内容设计、系统使用方式与预期教学效果的实践与探索,旨在解决计算机网络线下实验教学中存在的时间和地点不够灵活、理论教学与实验验证结合不够紧密、实验设备数量和型号受限、综合性和创新性实验难以开展等问题,加深学生对计算机网络基础理论的理解与认知,培养学生自主学习与创新意识,进一步提升网络工程实践能力。同时,通过不断迭代完善系统功能和实验内容,预期能够为改善和提升计算机网络课程教学效率和教学质量提供有效支撑。

参考文献

[1] 谢希仁.计算机网络[M].5版.北京:电子工业出版社,2012.

[2] Andrew S.Tanenbaum,潘爱民.计算机网络[M].北京:清华大学出版社,2004.

[3] 代宇,杜欢,邹洋.线上线下结合的计算机网络虚拟仿真实践教学模式[J].计算机教育,2021,1:146-149.

[4] 朱明,吴逸飞,陶然,等."计算机网络"课程的虚拟仿真改革探索[J].教育进展,2022,12(3):655-661.

[5] 翟宏宇,等.基于虚拟仿真平台的计算机网络课程实践教学[J].计算机教育,2015,17(4):6-9.

[6] 朱剑林,侯睿.虚拟仿真实验在计算机网络课程教学中的应用[J].教育教学论坛,2016,17:224-225.

[7] 孙界平,琚生根,陈黎,等.计算机网络虚拟仿真实验平台的建设实践[J].实验技术与管理,2017,34(8):115-117.

[8] 崔来中,陆楠.新工科背景下面向虚拟仿真实验的计算机网络课程实验教学探索[J].计算机教育,2019,3:146-148.

[9] 孙良旭,张玉军,张孝临.基于 Cisco Packet Tracer 和 GNS3 的计算机网络虚拟仿真实验研究[J].教育教现代化,2020,50:1-4.

[10] 霍娟.以 Cisco 网络为模拟对象的 Web 远程计算机网络实验仿真开源软件比较与分析[J].信息与电脑,2022,34(3):233-238.

[11] 苏东梅.基于华三 HCL 下的 VRRP 的设计与实现[J].信息通信,2020,9:88-90.

[12] 曹雪峰,孟伟,陈日升.基于 eNSP 的 WLAN 实验设计与实现[J].实验室研究与探索,2017,36(7):127-131.

[13] 梁海华,盘丽娜,钱振江.基于 eNSP 的网络实验综合设计与渐进实践[J].实验室研究与探索,2022,41(9):140-145.

虚拟仿真技术在热工基础实验教学中的应用实践*

张小宁,杭贵云,王国亮,蔡星会,王 涛

(火箭军工程大学,陕西 西安 710025)

摘 要：本文从当前实验教学中存在的不足和虚拟仿真技术具有的优势两个方面,分析了热工基础课程开展虚拟仿真实验的必要性,并对虚拟仿真实验教学的内容体系构建、过程方法运用和考核评价实施等方面进行了介绍。以稳态平板法测定材料导热系数为例,全文从实验预习、实验操作、报告提交和考核评价等环节,介绍了虚拟仿真技术在热工基础实验教学中的应用实践过程。

关键词：实验教学；虚拟仿真；热工基础

中图分类号：G482

Application and Practice of Virtual Simulation Technology in Teaching of Basic Thermal Engineering Experiment

Zhang Xiaoning, Hang Guiyun, Wang Guoliang, Cai Xinghui, Wang Tao

(Rocket Force University of Engineering, Xi'an 710025, Shaanxi, China)

Abstract: From the shortcomings of current experimental teaching and the advantages of virtual simulation technology, the necessity of virtual simulation experiment in the basic thermal engineering is analyzed. The system content construction, method application in process and assessment evaluation implementation of virtual simulation experiment teaching are introduced. Taking the experiment of steady-state plate method to determine the thermal conductivity of material as an example, the application and practice process of virtual simulation technology in the teaching of basic thermal engineering experiment is illustrated from the aspects of experimental preview, experimental operation, report submission and assessment evaluation.

Keywords: experimental teaching; virtual simulation; basic thermal engineering

1 引言

热工基础是能源动力类专业的一门主干专业背景课程,重点介绍热能传递、转换和利用过程中的基本概念、基本定律和基本分析计算方法。热工基础本身有着很强的应用背景,只依靠理论讲授很难使学生充分理解掌握所学知识,因此课程设置了一定量的实验教学内容。然而在传统以"教师讲、学生听"为主的教学模式下,实验教学的效果普遍较差,学生运用所学知识分析解决实际问题的能力未能得到充分锻炼。自2017年以来,将信息技术、智能技术与实验教学深度融合的虚拟仿真实验,获得教育部的政策

---

* 基金项目：陕西高等教育教学改革研究项目(项目编号：21BG055)；火箭军工程大学重点课程建设项目(项目编号：2022135)。

作者简介：张小宁,男,讲师,主要从事热分析及性能评估研究。

支持,以其良好的逼真度、交互性和沉浸感,作为"推进现代信息技术与实验教学项目深度融合、拓展实验教学内容广度和深度、延伸实验教学时间和空间、提升实验教学质量和水平的重要举措"[1-3]。各高校的教育工作者以此为契机,针对不同的实验课程进行了积极探索,以期解决实验教学中存在的"做不到、做不好、做不了、做不上"的问题[4-6]。在实验教学中引入虚拟仿真技术,主动适应"互联网+教育"的智能教育新形态,成为热工基础实验教学改革的题中应有之义。

2 热工基础开展虚拟仿真实验的必要性

热具有概念抽象模糊的特点,加上其他制约因素,对热工基础实验的教学效果产生了影响,有必要借助虚拟仿真技术将抽象模糊的概念具体化、形象化,"虚实结合、以需补实",推动实验教学质量提升。

2.1 热工基础实验教学中存在的不足

2.1.1 实验条件受限

热工基础实验涉及许多种类的仪器设备,特别是一些高温高压的实验,操作过程具有一定的危险性。受实验场地、环境等条件制约,实验室建设时只选取了典型的仪器设备,且台套数较少,可以开展的多为单一的验证性实验,缺乏综合性、探究性实验内容。此外由于热本身的特性,热工基础实验往往耗时较长,实验操作需分组进行,导致学生的有效实验时间得不到保证,学生操作不熟练,发生误操作导致仪器设备损坏也时有发生。

2.1.2 教学模式单一

作为"数字原生代"的当代大学生,通过互联网获取信息是其生活和学习的日常,而当前热工基础实验的教学仍然沿袭传统模式,教师先通过PPT和板书讲解实验原理等相关内容,演示实验操作步骤,然后由学生动手进行操作。这种"教师示范、学生模仿"的实验教学模式,过程缺乏互动,学生的学习兴趣不高。大多数学生只是机械式地测量处理数据,主动思考较少,制约了动手能力,也难以激发创新思维。

2.1.3 教学效果不佳

实验条件的限制和教学模式的影响,使学生长期处于"被动"学习的状态,不少学生的动手操作机会不多,意愿不强,成了实验课上的"旁观者"。有的学生因为不熟练,在实验过程中畏首畏尾,不敢大胆操作;有的学生只满足于课上记数据、课后写报告,没有真正掌握实验原理和操作技能,在很大程度上影响了实验教学的效果。

2.2 虚拟仿真实验的优势

2.2.1 改善实验教学条件

通过虚拟仿真技术,可以构建与实物的原理、结构、性能相一致的各类实验仪器设备,涵盖基础性、综合性和探究性等多层次实验场景。每一个学生都可以通过灵活多样的交互形式,亲自动手对"实物"进行操作,自主设置控制参数和环境条件,且操作次数不受限制,摆脱实验时间和空间的束缚,有效弥补实验教学条件的不足[7]。

2.2.2 创新实验教学模式

虚拟仿真实验丰富了线上学习的内容和形式,可作为线下实验的补充或替代,采用虚实融合的方式,开展线上线下混合式的实验教学。学生可利用虚拟仿真实验系统,进行"试错"练习,积累实验操作经验,以此作为真实实验的指导。虚拟仿真实验将严肃游戏理念融入课堂,使学生沉浸式参与实验教学,用引导性的语言代替指令性的陈述,在自主探索的同时,增强感官体验,激发学习潜能[8-9]。

2.2.3 提升实验教学效果

学生通过线上虚拟实验场景的练习,可为线下实验操作做好准备,让真实实验操作变得更轻松,提高实验成功率并节省实验时间。虚拟仿真实验带来的沉浸感,提高了实验教学的吸引力,可降低学生的认知负荷,调动积极性和主动性,激发学习兴趣和潜能,提升实验教学的有效度。

3 热工基础虚拟仿真实验教学方案设计

3.1 实验教学内容体系构建

热工基础虚拟仿真实验教学内容体系是与热工基础理论课程相融合的虚实结合的多层次体系架构,包含基础实验、综合实验和探究实验3个层次(如图1所示)。其中,基础实验主要为热工测量技术和一些操作简单的验证性实验,包含热工仪表标定测试、空气绝热指数测定、气体定压比热容测定和中温辐射体黑度测试等实验;综合实验是在掌握热工测量技术的基础上,综合运用热工相关知识开展的操作过程相对复杂的实验,包括饱和蒸汽 p-T 关系测定、材料导热系数测定和空气外掠平板换热系数测定等;探究实验是将热工知识综合延拓,由学生自己设置实验条件和工况参数进行自主探究的实验,包括绝热过程空气湿度测定、自然对流横管管外换热系数测试和综合传热性能测试等。

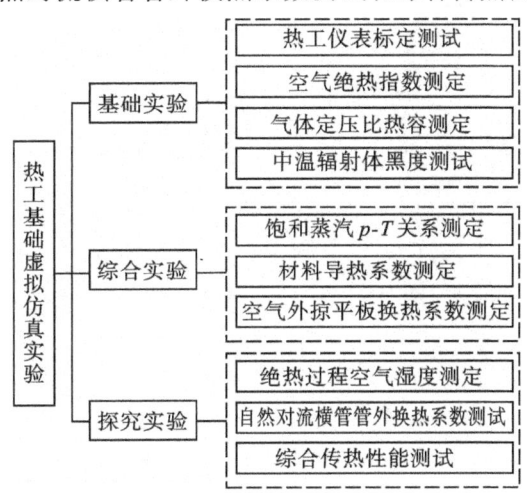

图1 热工基础虚拟仿真实验教学内容体系

3.2 实验教学过程方法运用

实验教学中充分利用虚拟仿真技术的优势,虚实融合,以虚补实,使教师从课堂的"主导者"转变为"引导者",把学习的"主场"交还给学生。对于实验原理、设备结构等陈述性知识,以原理动画、三维模型等方式直观呈现;对于实验步骤、操作方法等程序性知识,以灵活多样的交互方式给予沉浸式体验。

基础实验采用虚实结合的形式开展,学生先在线上练习,熟练后再动手操作实物。例如,针对热电偶、压力表、流量计等热工仪表的使用,通过虚拟仿真实验系统进行操作训练,使学生直观理解热工仪表的工作原理,轻松掌握使用方法;对于部分综合实验,如饱和蒸汽 p-T 关系测定,由于场地限制,不安排真实实验,仅在虚拟仿真实验系统上进行操作。通过语音文字提示,引导操作者按步骤完成实验,识别关键操作环节,并给予反馈;开展虚拟仿真探究实验时,教师可根据学生的特点因材施教,设计不同的实验工况,学生在操作时可自主调控实验参数,观察实验现象和结果的变化,探究现象背后的规律,促使其创新思维的培养。学有余力的学生在完成教学内容的基础上,有机会尝试更多的实验项目,满足个性化学习需求。

3.3 实验教学考核评价实施

为了评价教学效果达成度、保证教学质量,对虚拟仿真实验开展全过程考核[10]。对课前预习、实验操作、数据处理和报告撰写等阶段赋予不同的分值权重。后台根据学生预习题的作答情况、实验操作的熟练度和准确性、数据分析处理的准确合理性、实验报告内容的完整性以及思考题的作答情况等数据,经量化分析后给出相应分值。教师可清晰准确地识别学生的薄弱环节,更有针对性地开展讲解和练习。

4 热工基础虚拟仿真实验教学应用

以热工基础教学体系中的典型实验——稳态平板法测定材料导热系数为例,介绍虚拟仿真实验的应用实践过程。该实验基于一维稳态导热的基本原理来测定绝热材料的导热系数,进而探究材料导热系数与温度之间的关系。实验装置如图2所示,主要部件由平板试件及位于其上下面的加热器和冷却水套组成。由于实验需要在热平衡的条件下进行,且要求调节多个实验工况,导致现有学时内难以完成整个实验,加上装置台套数的限制,学生的动手机会也不多。因此,教学中采用虚拟仿真系统代替实物实验。虚拟仿真实验系统基于Unity3D平台设计开发,图3所示为系统的主界面,主视图区为稳态平板法测定材料导热系数的实验装置,可通过镜头切换从不同角度进行观察。界面上部设置菜单栏,包括实验指南、学练考、辅助功能以及其他与系统设置相关的模块。

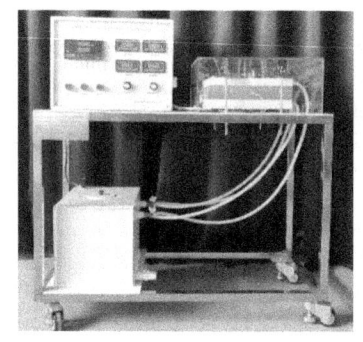

图2 稳态平板法测定材料导热系数实验装置

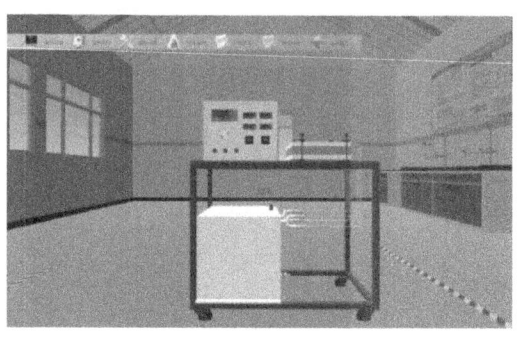

图3 虚拟仿真实验系统主界面

4.1 实验预习

学生在课前进入虚拟仿真实验系统的"实验指南"模块见图4,通过对实验指导书的学习,了解实验目的和原理,熟悉实验装置的结构组成和操作注意事项,通过点击实验部件可以查看其结构爆炸图见图5,对内部细节进行观察。在完成相关理论知识的测试后,可进入实验操作环节。预习过程中可以与授课教师和同学进行线上互动交流。

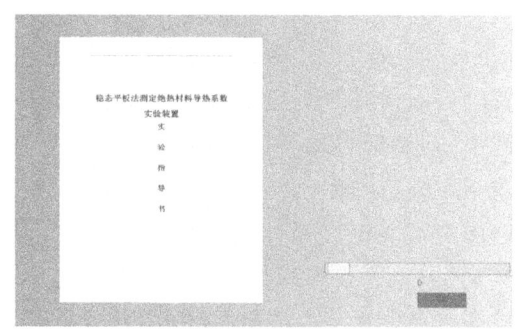

图4 虚拟仿真实验系统的"实验指南"模块

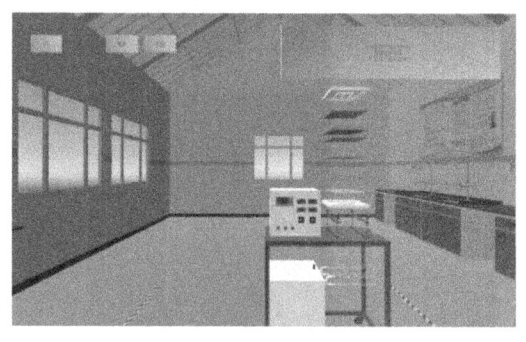

图5 实验部件爆炸图

4.2 实验操作

实验操作是虚拟仿真实验的重要内容,在"学练考"模块中进行,有"教学演示""步骤练习"和"操作考试"3种模式可供选择。"教学演示"模式下,系统全程演示实验操作步骤,当前实验步骤完成后,间隔一段时间自动进入下一步骤,整个过程学生无需进行操作。进入"步骤练习"模式后,根据系统提示,学生分步骤完成实验件安装、设备检查、仪器开机、工况调节、数据记录、仪器关机和数据处理等操作。整个操作过程配有语音和文字引导,并对实验细节进行局部放大。每一个步骤均会给出相应提示以及操作正确与否的评价,当前步骤操作正确才能进入下一步骤。典型的"步骤练习"模式界面如图6所示,学生可根据系统提示练习加热器功率调节的相关操作。操作练习熟练后可进入"操作考试"模式,考试过程中系统无提示,后台自动记录操作完成情况,当出现错误操作时会闪现警示,同时扣减相应分值。学生通过线上考试后,可在线下对真实仪器设备进行操作。

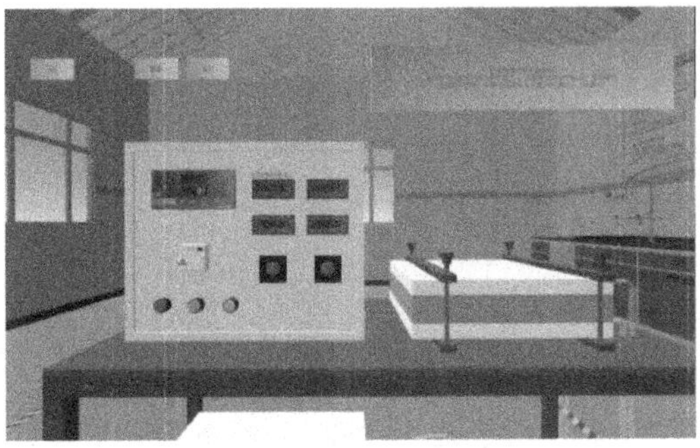

图6 "步骤练习"模式的典型操作界面

4.3 实验报告提交

线下实验操作结束后,学生在系统中提交实验报告。报告应包含实验目的、实验原理、实验装置、实验步骤、实验数据记录与处理以及实验结果分析讨论以及思考题解答等完整的要素。

4.4 实验考核评价

考核评价结果由虚拟仿真实验系统客观评价和授课教师主观评价2部分组成,分别占总成绩的70%和30%。学生在系统中进行的实验预习测试结果和整个实验操作过程数据均由系统在后台记录并给出得分。例如,实验原理知识测试回答错误、实验装置连接错误、实验数据记录错误、实验结果分析错误等都要扣除相应的分值。教师根据学生的线下操作情况和提交的实验报告给出主观评价成绩。

5 结语

伴随着信息技术的飞速发展和广泛应用,虚拟仿真技术为互联网时代的实验教学提供了新的模式。在将真实实验场景细腻逼真呈现的同时,摆脱了常规实验在时间和空间上的制约,优化了实验教学资源条件,打造出"人人学、处处学、时时学"的实验教学新形态。开展虚拟仿真实验,使学生的学习兴趣更加浓厚,动手能力明显增强,实验教学质量得到有效提升。

参考文献

[1] 教育部办公厅.关于2017—2020年开展示范性虚拟仿真实验教学项目建设的通知(教高厅〔2017〕4号)[S].2017.

[2] 教育部.关于开展国家虚拟仿真实验教学项目建设工作的通知(教高函〔2018〕5号)[S].2018.

[3] 教育部.关于一流本科课程建设的实施意见(教高〔2019〕8号)[S].2019.

[4] 吴音,刘蓉翾,耿志挺.虚拟仿真技术在材料制备实验教学中的实践与探索[J].高校实验室科学技术,2022,(1):75-78.

[5] 石铭霄,陈书锦,周方明,等.加工硬化实验虚拟仿真教学平台的设计与开发[J].高校实验室科学技术,2022,(1):85-88.

[6] 樊红卫,张旭辉,杜昱阳,等.煤矿机械虚拟仿真实验教学项目设计与开发[J].高校实验室科学技术,2022,(1):79-84.

[7] 王艳,邹海明,范行军,等.虚拟仿真技术在应用型人才培养中的应用[J].广州化工,2022,50(20):251-253.

[8] 郭婉茜,郭亮,林楠,等.新工科背景下虚拟仿真实验教学评价研究——以环境科学与工程专业为例[J].中国现代教育装备,2022(13):1-4.

[9] 李君.虚拟仿真技术在沉浸式设计类课程中的应用[J].艺术教育,2022(2):204-207.

[10] 郑小东,赵中堂.以考促学导向的课程全过程考核模式探索[J].计算机教育,2020(2):141-144.

基于 sbRIO 的体感交互机器人*

郭文静,郭艳婕,段　楠,李述胜,袁　铮

(西安交通大学 机械工程学院,西安 710049)

摘　要：基于 sbRIO 单板控制器,本文设计一种体感交互机器人。利用陀螺仪采集人体肢体关节位置信息,该信息经过计算机计算处理后得到人体各个关节相对运动姿态角度,通过无线传输将此结果发送至机器人控制器,机器人将会做出和人相同的肢体动作。采集机器人机械手指压力信息,计算机对此压力信号处理后反馈给操作者,实现机器人同操作者的触觉反馈。同时,采集机器人周边图像信息并实时发回计算机,操作者通过 VR 眼镜了解机器人周边环境和机器人运行状态。经过实验验证,该机器人体感控制、触觉反馈和视觉同步功能均达到预期水平。

关键词：机器人;体感交互;触觉反馈

中图分类号：TP242

Design of Somatosensory Interactive Robot Based on sbRIO

Guo Wenjing, Guo Yanjie, Duan Nan, Li Shusheng, Yuan Zheng

(School of Mechanical Engineering, Xi'an Jiaotong University, Xi'an 710049, Shaanxi, China)

Abstract: A somatosensory interaction robot was designed based on single board RIO. The gyroscope is used to collect the joint angular coordinates of the human body. The coordinate information is calculated by computer to obtain the relative motion attitude angle of each joint of the human body. The result is transmitted to the robot controller through wireless transmission, then robot will make the same limb movements. The robot fingers pressure information is collected, and the computer feeds back the pressure signal to the operator to realize tactile feedback of the robot and the operator. At the same time, the peripheral image information of the robot is collected and sent back to the computer in real time, and the operator knows the surrounding environment of the robot and the running state of the robot through the VR glasses. The experimental results show that the robot's somatosensory control, tactile feedback and visual synchronization functions have reached the expected level.

Keywords: robot; somatosensory interactive; tactile feedback

自从 1959 年世界上首个机器人问世以来[1],人类对机器人的研究从未停止。经过半个多世纪的发展,机器人技术日趋完善,人类对机器人的未来更加充满想象与期待。在科幻电影《环太平洋》中,2 名驾驶员可以同步操纵巨大的机械人,这种体感形式的人机交互模式受到机器人研究人员的青睐。

体感技术也称动作感应控制技术,是由机器通过某些特殊方式对用户的动作进行辨识、解析,并按

---

* **基金项目**：西安交通大学 2017 年大学生创新创业项目(项目编号:GJ201710698011);教育部产学合作协同育人项目(项目编号:202002229017,基于虚拟仪器的实践平台建设)。

作者简介：郭文静,女,硕士,工程师,主要研究方向为实践教学研究。

照预定感测模式,对相应动作在机器端做出反馈,属于虚拟现实技术范畴[2-3]。自从 2010 年微软公司的 Kinect 体感外设问世以来,国内外越来越多的研究人员将 Kinect 设备与机器人结合,设计出各种功能的用人体姿势控制的机器人。

受此启发,本文自主设计了基于 sbRIO 单板控制器的体感交互机器人。该机器人可以实现与人体肢体动作的同步进行,并且带有触觉和视觉同步反馈功能。

1 系统的构成与实现

体感交互机器人系统主要由计算机、机器人、体感交互装置 3 部分组成。系统框图如图 1 所示。

1.1 机器人设计与搭建

为简化控制,本文的机器人为轮式机器人,用 3 个轮子替代双足。机器人每条手臂上装有 5 个舵机,具有 5 个自由度。机器人包括主控模块、舵机模块、驱动模块和电源模块。机器人实物如图 2 所示。

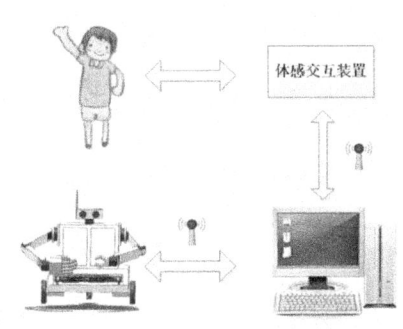

图 1 体感交互机器人系统框图　　　　图 2 机器人实物

1.1.1 主控模块

机器人采用美国国家仪器(NATIONAL INSTRUMENTS)的 sbRIO—9632 控制器作为控制模块。这款嵌入式控制器在单块印刷电路板(PCB)上集成了运行 NI Linux Real-Time 的实时处理器、用户可重配置 FPGA 和 I/O。该控制器具有 3 个用于非封闭 C 系列 I/O 模块的连接器、一个以太网端口、一个串行端口、32 路 16 位模拟输入、4 路 16 位模拟输出以及 110 个 3.3 V 数字通道。该款控制器可以使用图形化编程语言 LabVIEW,并且可以满足高性能和高可靠性的要求。

1.1.2 舵机模块

机器人执行机构的动力源采用 LOBOT 公司的 LD-60MG 单轴数字舵机。该款舵机工作电压范围为 6～8.4 V,通过 PWM 脉宽调节角度,周期 20 ms,占空比为 0.5～2.5 ms 的脉宽电平呈线性对应舵机 0°～180°,控制精度 3 μs。该款舵机扭矩可达 70 kg/cm,能够驱动机器人在较大负载下运动。

1.1.3 电机驱动模块

TETRIX 直流电机驱动,额定电压 6～13.8 V,最大负载电流 1.37 A,工作温度－10～+60 ℃。

1.1.4 电源模块

机器人采用 12 V 锂电池供电。电源模块还包括 2 个 LM2596S 降压模块,该模块可输入 3～40 V 直流电,输出 1.5～35 V 连续可调直流电,最大输出电流 3A。调节 LM2596S 降压模块一输出电压 5V,LM2596S 降压模块二输出电压 8.4V。电源模块提供 12V、8.4V、5V 电压输出,匹配机器人不同模块的供电需求。

1.2 通信接口设计

操作者和计算机、计算机和机器人之间的通信模式均采用无线通信。

1.3 体感交互装置

文中机器人采用自主设计的体感交互装置,包括体感控制模块、触觉反馈模块和视觉同步模块。

1.3.1 体感控制模块

体感控制装置为可穿戴式,内置有陀螺仪。操作者穿戴好后,陀螺仪将采集人体肢体关节的运动信号,然后无线传输至计算机,经过一系列计算处理得出偏向角、俯仰角、圆滚角等相关角度信息。计算机再通过无线方式将此角度信息传输至机器人控制器,控制器控制机器人手臂关节舵机转动,以实现对机器人的实时体感控制。

1.3.2 触觉反馈模块

为了提高机器人与环境之间的交互能力,我们希望能够采集机器人指尖的威力变化并将其通过震动的方式反馈在操作者指尖。为了得到触觉信息,在机器人手指指尖装有压力薄膜。机器人通过压力薄膜感受机械手指所受的压力,计算机对此压力信号进行采集与处理。同时在操作者穿戴的操作手套指尖位置设置微型振动马达,依据机械手指所受压力大小驱动振动马达产生不同强度的振动。操作者戴上手套后可以实时感知该压力的大小,并可根据抓取物体的不同,调整抓握的力道,从而实现机器人同操作者的初步触觉反馈。

1.3.3 视觉同步模块

机器人头部位置安装有广角摄像头,采集的图像数据通过无线网络实时传输给计算机,由计算机进行图像处理,再将处理过的图像显示在VR眼镜上。操作者通过VR眼镜了解机器人周边环境和机器人运行状态。

2 体感交互机器人关节角度计算

描述机构空间位置最常用的是方向余弦矩阵,但是这种方法不易于计算。还有一种常用的表示机构空间位置的方法是欧拉角表示法。由于欧拉角表示物体的方向和姿态方便有效,且可以及时了解物体的方向位置,故它在机器人学中广泛应用[4]。本文中机器人亦采用欧拉角表示法计算关节角度。

2.1 欧拉角分析

在初始位置,动坐标系的3个轴x_0、y_0、z_0与固定坐标系的3个轴X、Y、Z分别重合。第一次转动时动坐标系统z_0转过Ψ角,达到新的坐标系$x_1y_1z_1$。第二次转动将动坐标系统y_1轴转过θ角达到新的坐标系$x_2y_2z_2$。第三次转动坐标系绕新的z_2轴转过φ角到达最终位置xyz。这整个转动过程称为ZYZ转动方式[4]。

整体的旋转矩阵:

$$R=R_z(\Psi)R_y(\theta)R_z(\varphi)=\begin{bmatrix} \cos\varphi\cos\theta\cos\Psi-\sin\varphi\sin\Psi & -\sin\varphi\cos\theta\cos\Psi-\cos\varphi\sin\Psi & \cos\Psi\sin\theta \\ \cos\varphi\cos\theta\sin\Psi+\sin\varphi\cos\Psi & -\sin\varphi\cos\theta\sin\Psi+\cos\varphi\cos\Psi & \sin\Psi\sin\theta \\ -\sin\theta\cos\varphi & \sin\varphi\sin\theta & \cos\theta \end{bmatrix}$$

若已知物体的姿态矩阵:

$$R=\begin{bmatrix} r_{11} & r_{12} & r_{13} \\ r_{21} & r_{22} & r_{23} \\ r_{31} & r_{32} & r_{33} \end{bmatrix}$$

则可计算ZYX型的3个欧拉角:

$$\begin{cases} \Psi=\arctan\dfrac{r_{23}}{r_{13}} \\ \theta=\arctan\dfrac{\sqrt{r_{31}^2+r_{32}^2}}{r_{33}} \\ \varphi=\arctan\dfrac{r_{32}}{-r_{31}} \end{cases}$$

2.2 计算机器人关节角度

操作者穿戴体感交互装置,首先需要记录人体肢体各个关节初始位置信息。操作者肢体运动时,通过体感交互装置实时采集肢体各个关节的位置信息,经过无线传输后由计算机将上述位置信息计算转换为旋转矩阵,再通过旋转矩阵计算出人体每个关节相对运动姿态的角度。计算机根据此相对运动姿态角度结果生成对应的体感交互指令,通过无线传输将体感交互指令发送至机器人,机器人按照指令带动关节舵机转动,完成仿人体动作姿态,具体步骤如图3所示。

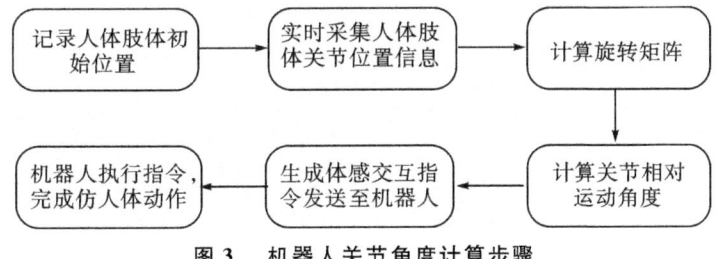

图3 机器人关节角度计算步骤

3 系统软件设计

系统软件采用LabVIEW语言,LabVIEW是美国国家仪器公司(National Instruments)的软件产品,与其他常见的编程语言相比,最大的特点就在于它是一种图形化编程语言[5]。目前,大多数主流的测试仪器、数据采集设备都拥有专门的LabVIEW驱动程序使用LabVIEW可以非常便携地控制这些硬件设备。

文中体感交互机器人控制器程序由陀螺仪校准、相对姿态解算、机器人运动、触觉反馈和视觉同步五大模块构成。主程序流程图如下图4所示。机器人控制主程序如图5所示。

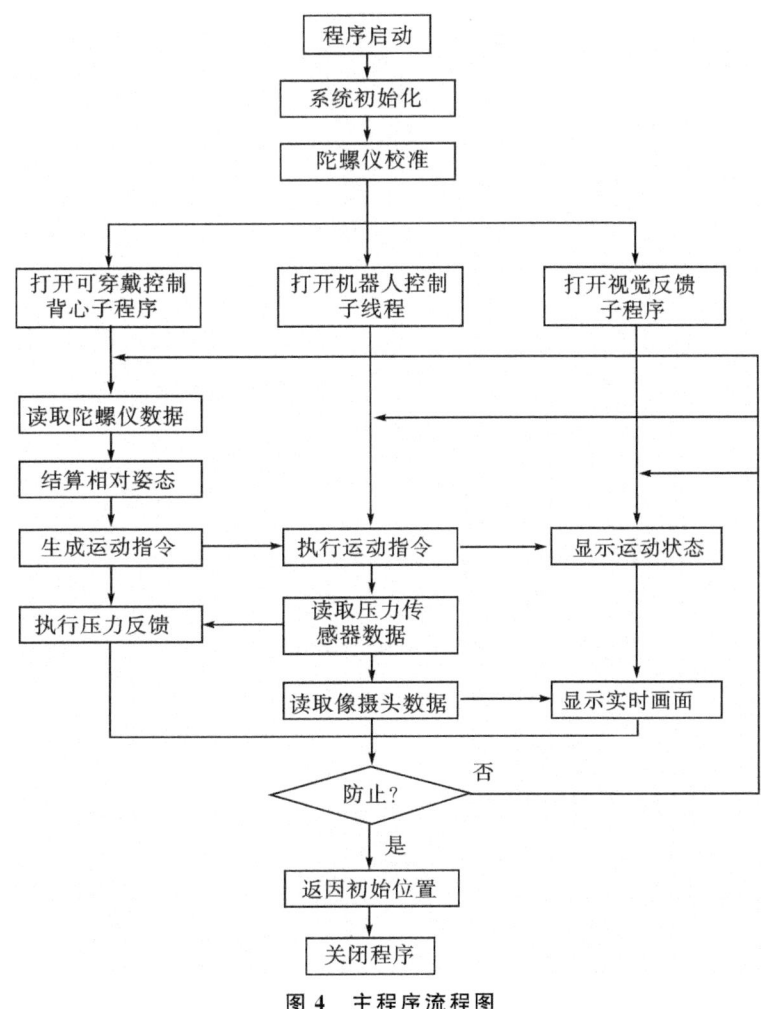

图4 主程序流程图

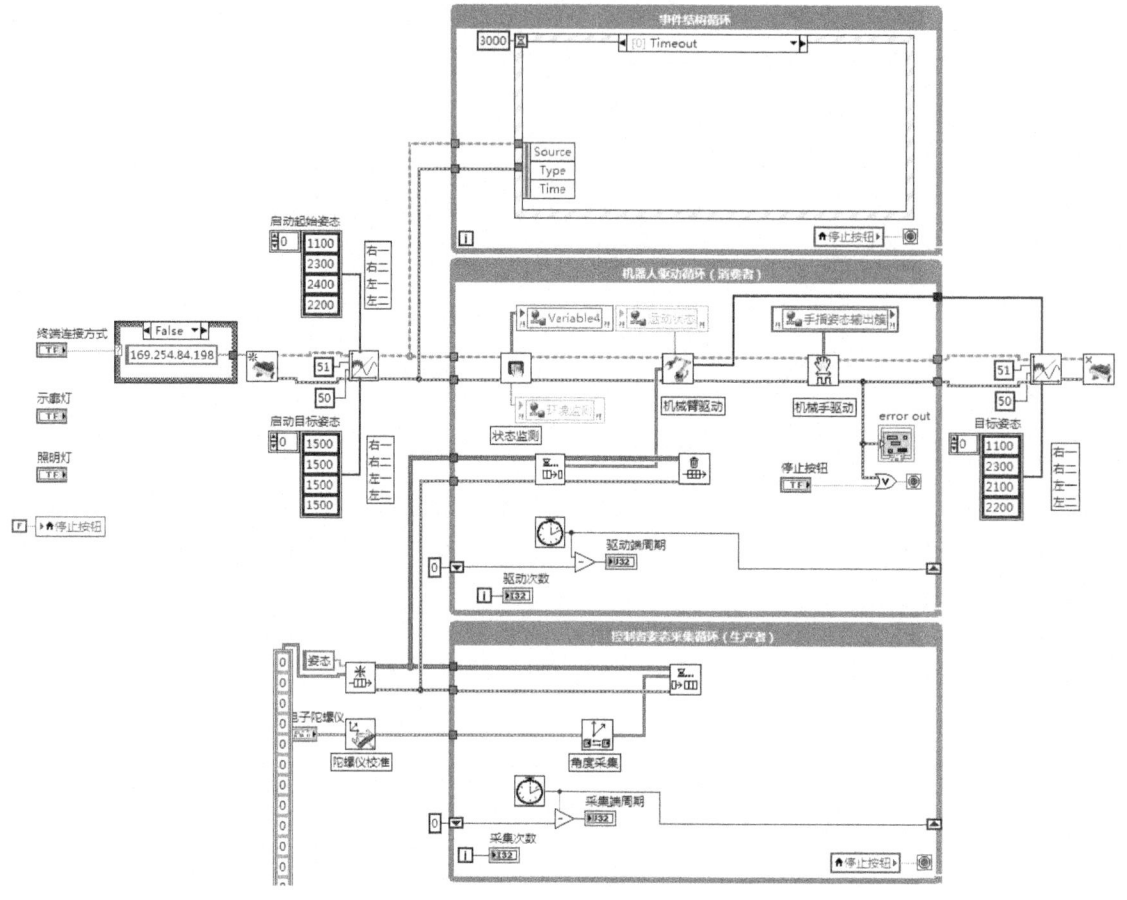

图 5 机器人控制主程序

4 实验测试

在相同室内环境下,我们选择了 5 人对机器人进行测试,结果显示机器人模仿人动作成功率达到 100%,测试如图 6 所示。触觉反馈功能与视觉同步功能皆成功实现。但是也有不足之处,机器人动作精确度不够高,当外界信号干扰较大时,触觉反馈和视觉反馈均存在延迟。

5 结语

图 6 机器人实时模仿人体动作

本文设计了一种基于 sbRIO 控制的体感交互机器人,该机器人可以实时模仿人体肢体动作,实现了同人体肢体动作的体感跟随。除此之外,还拥有实时触觉反馈功能和视觉同步功能,使得操作者能够感知机器人周遭环境,大大提高了人机交互体验。该机器人为笔者指导本科生参加第四届全国虚拟仪器大赛作品,获得该届大赛唯一的特等奖。

参考文献

[1] 杨贵杰,孙力,崔乃政,等.空间矢量脉宽调制方法的研究[J].中国电机工程学报,2001,21(5):79-83.
[2] 代艾波,瞿畅,朱小龙,等.体感交互技术在运动康复领域的应用[J].中国康复理论与实践,2014,20(1):41-45.
[3] 张金成.体感交互技术发展现状及展望[J].软件导刊,2016,15(6):115-117.
[4] 黄真,李艳文,高峰.空间运动构件姿态的欧拉角表示[J].燕山大学学报,2002,26(3):189-192.
[5] 阮奇桢.我和 LabVIEW:一个 NI 工程师的十年编程经验[M].北京:北京航空航天大学出版社,2012.

实验室建设与管理

高校实验室危险废物安全管理与探索实践

纪克攻,陈 珂,卢 涛,张朝阳

(西北农林科技大学 化学与药学院,实验室安全与条件保障处 陕西 杨陵 712100)

摘 要:高校实验废弃物种类繁多、处置不当,将会对环境、师生健康造成巨大影响。随着学校事业发展,招生规模进一步扩大,实验室产生的废弃物也将进一步增加。如何安全管理及分类处置实验室危险废弃物,并从源头降低危险废弃物的产出量,将会是高校解决危险废弃物的关键问题。以西北农林科技大学为例,通过建立健全制度体系、提升安全条件设施保障、探索实验室危险废弃物回收处置服务外包新模式、设立危废无害化处置专项委托、强化安全教育宣传以及借力主管部门的监督检查等方式,为高校实验危险废弃物的安全管理提供一些切实可行的方式方法。

关键词:实验室安全管理;危险废弃物;回收处置;无害化处置

中图分类号:G647

Safety Management and Exploration Practice of Hazardous Wastes in University Laboratories

Ji Kegong, Chen Ke, Lu Tao, Zhang Chaoyang

(College of Chemistry and Pharmacy, Division of Laboratory Safety and Services, Northwest A&F University, Yangling 712100, Shaanxi, China)

Abstract: There are a wide variety of experimental wastes in universities, and improper disposal will have a huge impact on the environment and the health of teachers and students. With the development of the university, the enrollment scale is further expanded, and the waste generated by the laboratory will also further increase. How to safely manage and classify hazardous waste in laboratories, and reduce the output of hazardous waste from the source, will be a key issue for universities to solve hazardous waste. Take Northwest Agriculture and Forestry University as an example, by establishing a sound system, improving safety conditions and facility guarantees, exploring new models of laboratory hazardous waste recycling and disposal service outsourcing, setting up special commissions for hazardous waste harmless disposal, strengthening safety education and publicity, and leveraging supervisors Departmental supervision and inspection methods provide some practical ways and methods for the safe management of experimental hazardous wastes in universities.

Keywords: university laboratories; hazardous waste; recycling and disposal; harmless disposal

随着我国高等教育的快速发展,高等院校"人才强校"战略的持续实施,大量科技人才被引入,使得高校实验室的教学、科研活动越加频繁,但是高校实验室配套的条件设施,尤其表现在实验室面积上,远

作者简介:纪克攻,男,博士,教授,主要从事有机合成化学及实验室安全管理方面的研究。

远落后于人才的快速引入和招生规模的进一步扩大。频繁的实验活动所产生的危险废弃物对学校的校园安全、人员健康、环境等造成的安全隐患问题日益凸显,越来越引起人们的关注[1-2]。

2005年,教育部和环境保护部就高校实验室排污发布了《关于加强高等学校实验室排污管理的通知》(教技[2005]3号)的指导性文件[3],如何更好地贯彻落实文件精神,做好高等院校的危险废物的安全管理及分类处置是各高等院校亟须解决的问题。

西北农林科技大学是一所涵盖理、工、农、林、水、医等多学科的综合性大学,也是首批入选国家"世界一流大学和一流学科"建设高校[4],本科生和研究生的人数为36 347人,各类实验室有1 966间,每年实验室危险废物处置量在150 t以上。随着学校事业发展,招生规模进一步扩大,一方面,实验室危险废弃物也呈显著上升趋势;另一方面,实验室危险废物种类多,分类管理难度大,处置费用高昂。如何对实验室危险废物进行有效的安全管理并合理处置,杜绝实验室危险废物直接排入下水道污染环境,是学校亟须解决的问题。

西北农林科技大学实验室安全与条件保障处的职能之一为负责全校的实验室危险废物的安全管理及处置。分别从制度体系建设、危险废物安全管理举措、项目建设以及安全教育监管等方面,进行探索实践并取得了较好的结果。

1 建立健全实验室危险废弃物安全管理制度

1.1 管理体系

根据《中华人民共和国固体废物污染环境防治法》等法律法规和《西北农林科技大学实验室安全管理办法》等有关文件,实验室安全与条件保障处结合我校20年实验室管理的经验,于2020年,先后出台《西北农林科技大学实验室危险废弃物管理细则》《西北农林科技大学实验室危险化学品安全管理细则》《西北农林科技大学实验室放射性同位素与射线装置安全和防护管理细则》《西北农林科技大学实验室生物安全管理细则》,对学校的危险废弃物进行界定并完善了相关的安全管理体系。

1.2 管理模式

学校实验室危险废物实行"分类收集、专人管理、定时清运、集中处置"的模式,按照学校、二级单位(包括学院、系、部、所、科研实体等,以下简称各单位)和实验室三级联动进行管理。

1.3 实验室危险废弃物分为以下几类

(1)化学危险废物:剧毒化学品废液废固、易燃易爆化学品废液废固、有机化学品废液废固、无机化学品废液废固及不明化学品废液废固等。

(2)生物危险废物:经有害生物、化学毒品及放射性污染的实验动物尸体、肢体和组织;未经污染的实验动物尸体、肢体和组织;其他有危害性的生物废弃物等。

(3)其他危险废物:除以上2条不能涵盖的,且从事化学、生物相关教学科研活动产生的其他HW49危险废物,包含沾染化学生物的包装品及手套等,但不包含放射性废物[5]。

(4)放射性废物:《西北农林科技大学实验室放射性同位素与射线装置安全和防护管理细则》,对实验过程中涉及辐射源参与实验产生的废液、废固进行了界定。

2 实验危险废物安全管理举措

2.1 实验危险废弃物的存储模式

2.1.1 实验危险废物集中存储管理方面:

(1)学校在北校区实验危化品服务中心建有专用的实验危险废物暂存间[6],在南校区建设有危险废物暂存柜,设有专人负责管理全校实验室危险废物的暂存、回收、暂存及应急管理。

(2)学校建有实验动物中心,配置专用的动物尸体暂存间,专人管理并负责全校的生物废物,主要是动物尸体组织的回收暂存管理。暂存间配有专用的动物尸体暂存冰柜、高压灭菌锅等设施。动物尸体由专业的动物尸体袋封存并贴有学校统一印制的生物安全信息标签,暂存于冰柜当中,定期由签有生物废弃物回收处置合同的专业公司回收处置。

(3)学校在北校区危化品服务中心建有条件设施完善的同位素实验室[7],设实验室主任1名,依托生命学院进行专人管理,负责全校涉辐实验的安全管理。同时还建有专用的实验辐射废物暂存间,并配有相应的辐射检测仪、辐射废固保存的铅箱、辐射废液桶以及用于安全防护的树脂防护箱等。主要用于收集短衰变周期的放射性元素,如放射性磷^{32}P,参与实验过程产生的辐射危险废物。该辐射废弃物可通过8个半衰变周期,再经辐射检测仪检测活度信息,确保辐射活度在豁免水平以下,即可通过专业公司回收处置。

2.1.2 实验危险废物分散暂存管理方面

(1)各教学、科研实验室每周临时产生的危险废物,分散暂存于各产废实验室固定区域。危废暂存区域张贴有学校统一印制的危废暂存区标识牌(含回收处置流程以及废液相容表),如图1所示。

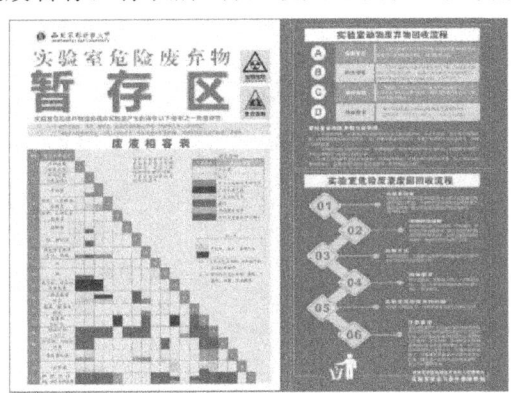

图1 危废暂存区标识牌

废液桶配有防止倾洒的暂存托盘和粘贴学校统一印制的废液分类标签,保障实验室短期暂存废液的安全性。

暂存管理要求:实行有机、无机废液、酸碱废液分类收集、固液分类存放、定期回收;动物尸体废弃物可暂存于实验室冰柜,定期交实验动物尸体暂存间冰柜存放并回收处置。

(2)学校实验室安全与条件保障处,在各教学科研楼宇一层配置有危险废液泄漏应急处置沙箱、危险废液泄漏吸附条和吸附垫、灭火器等安全应急处置物资,确保实验危险废物集中回收处置过程的安全。

2.2 实验废弃物的回收处置管理

2.2.1 设立危险废物处置专项

为减轻教学科研实验室的负担,确保学校实验室排放环保达标,学校每年均设有危险废物处理专项资金[8],由学校统一预算并由实验室安全与条件保障处负责具体实施管理,为全校危险废物的安全处置提供了资金保证。

2.2.2 探索危险废物处置服务外包新模式

经过调查,目前陕西省实验室废物回收处理费用如表1所示。结合学校危险废弃物管理实际,学校与陕西新天地固体废物综合处置有限公司签订了危险废物回收处置合同。通过企业定时来校回收拉运危险废物的服务外包模式。企业每周定时到各个产废实验楼宇进行废液集中回收、危化品服务中心负责政府主管部门备案等工作。疫情交通管制期间,危化品服务中心负责与企业协调来校危废回收处置时间并及时通知到各个产废实验室。同时充分发挥南北校区危废暂存间的回收暂存功能,用于收集各教学科研实验存放的较大量的危险废弃物,减缓实验室内部危险废物的存储量。经过 3 年多的运行实践,我校已经探索出一条回收企业、实验危化品服务中心、产废实验室师生每周四定时定点回收处置的模式,有效地解决了危险废物安全回收处置,减缓了各产废实验室危废安全暂存的压力,为全校的实验室安全提供了坚实的基础保障。

表 1 陕西省实验室废物回收处理费用

废弃物种类	单价/(元/kg)
实验室废液(有机、无机酸碱等)	3～4
实验室废固(瓶、纸箱、手套等)	3～4
实验室废旧试剂(普通危险化学品)	4～5
高危险性实验室化学品	40～50
实验室剧毒危险废弃物	1 800
实验动物尸体(含尸体组织等)	5～6

2.2.3 设立实验废物无害化处置委托专项[9]

根据《污水综合排放标准》(GB 8978—1996)和《污水排入城镇下水道水质标准》(GB/T 31962—2015)等相关国家标准,"无机及分析化学"实验课程中部分酸碱滴定实验[10],可尝试开展废液无害化处置。实验室安全与条件保障处设立实验废物无害化处置委托专项,支持普通废液源头控制。现已开展无机及分析化学酸碱滴定实验的无害化废液处置,建立标准 1 个,教学课件 4 个,操作视频 2 个。1 年来为学校节约经费 10 余万元,参与师生 6000 人次。该项目的建设实施,从源头上减少了废液的产生,既提高了师生的实验操作技能,又增强了师生的环保意识。

2.2.4 实验危险废物数据收集信息化管理

根据《危险化学品安全综合治理方案的通知》(国办发〔2016〕88 号),为了进一步落实危险化学品安全监管信息化建设的精神,结合我校在危险化学品安全信息化管理方面的谋划,实验室安全与条件保障处与企业联合研发了实验危化品服务中心信息系统[11]。该系统的功能涵盖了危险废弃物的回收处置报备、废液桶领用、数据统计等功能。各实验室每周四前在实验危化品服务中心信息系统内完成危险废弃物数据报备,由危化品服务中心负责统计,交危废回收处置企业,定时定点到各产废实验楼宇进行回收处置;对各实验室系统上领用的唯一帖有二维码的管控类危险化学品,比如易制毒危化品乙醚、丙酮等,通过各实验人员系统上完成台账填写后,该帖有二维码的试剂瓶作为危险固体废物自动转移到危险废物回收报备系统,用于可追踪的特殊废物的回收处置,做到对管制类药品从申购到报废的闭环管理。

3 实验课程改革创新项目

学校教务处和实验室安全与条件保障处设有实验改革探索类项目,支持实验课程改革创新,鼓励开展微型实验改革、绿色化学实验课程探索、实验虚拟仿真建设。比如"无机及分析化学实验"课程改革;剧毒、易制爆危化品叠氮化物相关的虚拟仿真项目建设。通过微型实验、绿色化学实验改革及信息化的虚拟仿真实验,减少危险化学试剂的使用,从源头控制危险废物的产生量[12-14]。

4 加强安全教育及主管部门的安全监管

根据《教育部关于加强高校实验室安全工作的意见》(教技函〔2019〕36 号)、《高等学校实验室安全规范》教科信厅函〔2023〕5号文件精神,为进一步加强我校实验室安全教育工作落地落实,实验室安全与条件保障处借力保卫处、主管行业部门的力量,成立了由行业专家为主导的实验室安全宣讲团。充分发挥宣讲专家的作用,通过实验室安全教育培训、宣讲专家进实验室等活动加强师生安全意识提升;另外通过危险化学品资质培训、师生参与的安全知识竞赛、校园安全广播语、安全知识考试及展板等活动,宣传危险废弃物安全分类存储、回收处置,进一步加强师生安全知识,提高安全意识。

借力环境、应急管理等主管部门的监管力量,每年接受不少于10次的安全检查,进一步加强我校危险废弃物安全分类存储、回收处置的各个环节,做到危险废弃物的合规合法存储、安全处置[15]。

5 结语

高校的危险废物处置是一项系统工程,关系到师生的健康、环境安全、校园稳定,需要多部门参与、师生积极配合和努力才能够做好,做实。仅2022年,我校共计完成150余吨危险废弃物的安全处置,为我校的教学科研提供了坚实的安全保障。随着高校事业的发展,招生规模进一步扩大,危险废物处置费用的提高,高校的危险废弃物安全管理将会面临更大的压力。通过积极探索创新,源头控制废液产出量,安全平稳的处置危险废弃物,为我校师生健康、校园环境、学校"双一流"建设提供坚实的基础安全保障。

参考文献

[1] 贾历程,刘幽燕,张晶晶."双一流"背景下西部地方院校对实验室安全管理的探索[J].实验技术与管理,2018,35(11):15-18,34.

[2] 高红梅,高增安,刘义全.高校实验室危险废弃物管理研究与思考[J].实验室技术与管理,2017,34(12):293-296.

[3] 教育部,国家环保局.关于加强高等学校实验室排污管理的通知[EB/OL].[2022-09-30]http://www.moe.gov.cn/jyb_xxgk/gk_gbgg/moe_0/moe_495/moe_1083/tnull_12652.html.

[4] 袁伟斌,李东,王波,等.农林高校实验室"三位一体"安全管理模式探讨[J].实验技术与管理,2020,12(4):12-15.

[5] 陈磊,王永峰.浅谈危险废物综合利用项目环评重点-以废包装桶为例[J].江西化工,2020,(2):133-135.

[6] 王羽,宋阳,李兆阳,等.高校实验室危险废弃物暂存库建设与管理[J].实验技术与管理,2021,38(1):259-264.

[7] 金雪明,龚宇,陈永清,等.实验室辐射与防护安全管理研究与实践[J].实验技术与管理,2019,36(4):172-178.

[8] 陈慧珍,乔薇,叶燕媚,等.高校化学实验室废液回收管理存在的问题与对策[J].实验室研究与探索,2012,31(8):456-459.

[9] 张爱良,林范学,杨永涛.利用实验项目细化实验室危险废弃物物管理探讨[J].实验室技术与管理,2020,37(1):281-283.

[10] 吴萃艳,王精华,肖卓杰,等.高校无机化学实验室废水管控与处理绿色化探索与实践[J].节能与环保,2020,(9):74-76.

[11] 郭鹏慧,刘亚,王璐,等.实验室危险化学品管理的智能化解决方案[J].实验技术与管理,2018,35(4):262-266.

[12] 刘靖,刘恒明.实验室废液及其减少污染措施初探[J].实验室研究与探索,2006,25(11):1372-1375.

[13] 白蓝,李蕾,刘媛.经典有机化学实验绿色化改进与教学实践[J].实验技术与管理,2019,36(10):247-251.

[14] 孟玉兰,宋学志.高校化学化工实验室废液管理及治理[J/OL].实验技术与管理,2021,19(6):157-160.

[15] 卢少然,罗学柳,蔡晓辉.实验室废液处理中存在的问题与对策[J].实验室研究与探索,2009,28(3):279-281.

交叉学科实验室安全管理模式探究

周兴龙[1]，杨晓峰[2]，刘遵峰[3]

(1 南开大学 药物化学生物学国家重点实验室，天津 300071；
2 南开大学 实验室设备处，天津 300071；
3 南开大学 药物化学生物学国家重点实验室，天津 300071)

摘　要：新药研发关系人民健康，是国家重点扶持发展的战略支柱产业。随之而兴起的以药学、生物学、化学和医学等学科交叉融合产生的药物化学生物学是当前的热点研究方向，这些学科的交叉融合，激发了创新活力，探索出了新的研究方法和途径，产生出了众多科研成果。同时，多学科实验室的交叉整合也为实验室安全管理带来了新的挑战。文章分析了化学、生物学、药学等交叉学科实验室面临的问题和安全特点，并结合南开大学药物化学生物学国家重点实验室的建设和安全运行管理经验，探究建立交叉学科实验室安全管理新模式，开拓实验室安全高效运行新思路。

关键词：交叉学科；实验室安全；管理模式

中图分类号：TU714

Investigation on Safety Management Mode of the Interdisciplinary Laboratory

Zhou Xinglong[1], Yang Xiaofeng[2], Liu Zunfeng[3]

(1 State Key Laboratory of Medicinal Chemical Biology, Nankai University,
Tianjin 300071, China;
2 Laboratory Equipment Department, Nankai University, Tianjin 300071, China;
3 State Key Laboratory of Medicinal Chemical Biology, Nankai University,
Tianjin 300071, China)

Abstract: New drug research and development is a strategic pillar industry and medicinal chemical biology, which involves the crossover studies in the overlapping fields of pharmacy, biology, chemistry and medicine, is a hot research direction at present. The cross-integration of these disciplines has stimulated the innovation ideas, explored a variety of research methods, and produced many scientific research results. The crossover experimental activities in the multidisciplinary laboratories have brought over new challenges to the laboratory safety management. Based on the safety management experience of the State Key Laboratory of Medicinal Chemical Biology in Nankai University, this paper analyzes the safety issues and other problems arising in the interdisciplinary laboratories of chemical, biological, pharmaceutical, and etc. This work aims to give inspirations to the novel safety management mode of the interdisciplinary laboratories, to facilitate the safe and high efficient laboratory activities.

Keywords: interdisciplinary; laboratory safety; management mode

---

作者简介：周兴龙，男，助理研究员，动物中心副主任。主要从事实验室建设与管理工作。

学科交叉有利于产生重大科学发现、促进优秀人才的成长、催生创新团队和开拓新的研究方向,在国家重点实验室建设中发挥着十分重要的作用[1]。南开大学在化学、生物学、药学和医学等领域具有雄厚的基础研究力量,学校瞄准科学研究前沿,实时整合相关资源成立了药物化学生物学国家重点实验室,凝练"新药靶标""药物合成筛选"和"药物传输"3个主要研究方向[2],充分发挥化学和生物学、医学交叉的优势,瞄准关系国计民生的生命健康战略研究领域,以期在新药、新靶标和新的药物作用机制的发现上寻求重大突破,推动我国医疗卫生事业发展,造福于人类的健康事业[3]。

新兴交叉学科所赋予的特性,也给实验室的安全管理带来了新的挑战,提出了更高的要求,如图1。

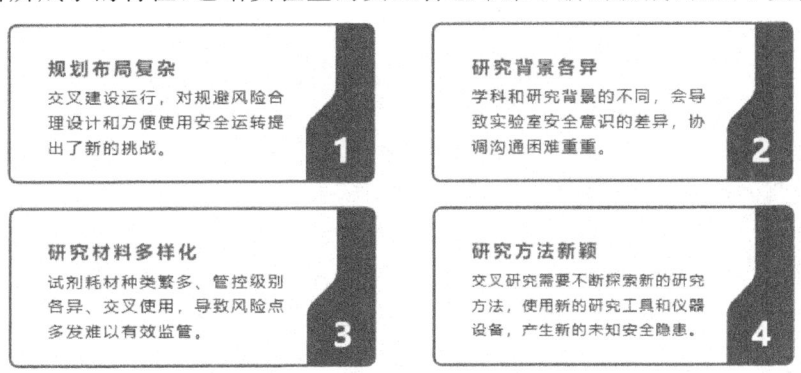

图1 交叉学科实验室安全特点及面临的问题

1 学科交叉实验室的安全特点及面临的问题

1.1 学科交叉实验室规划布局复杂,建设难以完全消除安全隐患

学科交叉意味着需要不同类型的实验室交替建设和交叉运行,除了常规的标准实验室,还需配套建设不同类别的辅助功能实验室,如细胞培养室、冷室、动物饲养室、合成实验室、计算和分析实验室等,在实验大楼建设时需整体统一规划,给设计布局和后期管理提出了新的挑战。如何规避风险、合理建设、方便使用,需要根据各自学科的特点,充分考虑有机化学合成的危险性、细胞和药学实验的洁净度以及实验动物使用的生物安全要求等诸多因素。这些风险因素的叠加,无疑给后期管理带来了新的风险点和难以完全消除的安全隐患。

1.2 学科交叉实验室人员研究背景各异,安全意识不同很难统一思想

交叉学科国家重点实验室的成立,是由来自生物学、化学、医学、药学等不同学院和国外新引进的顶尖科研人才组建的,这些研究人员的学习研究历程各异、学科背景千差万别,安全管理工作有效沟通是一大挑战[4]。化学实验室常常使用易燃易爆易制毒的化学试剂,有些还具有毒性甚至剧毒性[5],平时安全工作抓得紧,师生安全意识较强。同样的安全管理举措,来自化学学科的师生就能很好地理解,并积极配合落实,其他学科的研究人员很少有过安全事故的经历,难免出现不理解甚至不配合的情况,在安全管理上难以统一思想,具体落实时效果大打折扣,埋下了事故频发的安全隐患。

一些生物类实验室就曾发生过超净工作台中燃烧的酒精灯炸裂和将正在进行蛋白纯化实验的学生反锁到冷库的事情,这些都是安全意识淡薄,疏于管理造成的。

1.3 学科交叉实验室研究材料多样化,材料预定管控和后期处理难以有效监管

多学科交叉研究所涉及的实验试剂耗材种类繁多,特别是易燃易爆易制毒的危化品,高致病性微生物和基因编辑实验动物等,都是国家管控类实验材料,有严格的管理规范。管理不到位会造成实验室爆炸、环境污染、人员感染和种群遗传背景改变等,酿成重大安全事故。

1.4 学科交叉实验室研究方法新颖,隐患难以预测

交叉学科研究过程中注定要进行很多新的尝试和创新,要求研究人员不断探索和使用新的研究方

法,如连续长时间加热蒸馏提取天然药物有效成分,实验动物人为神经损伤修复和给药等等,这些研究方法对于场地设施和实验操作等要求各不相同,风险是难以预估的。

2 学科交叉实验室安全管理模式的建立

学科交叉实验室出现的这些新特点,要求在安全管理上采取新举措,进行有针对性的管理模式创新和探索,方能适应新形势,确保实验室的安全平稳运行。通过在实践中的不断探索和总结,实验室建立起了一套切实可行有效的安全管理体系。

2.1 统筹规划,完善安全管理客观基础条件

实验室安全管理需要有一个相对完善的基础配套条件作为安全措施落实的硬件支撑,借助新校区和985、双一流建设的契机,学校建设了学科交叉楼,统筹规划成立了校级和学院二级大型仪器测试平台,实现了大型贵重仪器统一采购、集中放置和安排专人管理的设想,相关安全管理基础条件得以完善。

(1)交叉学科大楼的建设充分考虑了学科交叉的特点,在筹建时多方参观考察论证,借鉴兄弟院校的先进经验,采取不吊顶的简装工业装修风格,要求水电气和通排风管路铺设整齐规范、一目了然,出现漏点能及时发现,方便维修,使得安全管理更加及时和高效。在实验大楼建设或装修设计时,亦将实验室安全因素充分考虑进去:①纵向将大型仪器平台放置在一层或专区,方便师生使用和统一管理;生物学和药学类安全隐患较小的实验室放置在中间层。而化学合成实验室要放在顶层,一方面有利于实验废气排放,另一方面一旦发生事故,避免波及楼下实验室,减少损失。②同一楼层横向上,将实验室和净化室分开,保证细胞实验和药效成分提取的洁净度要求;同时将办公室、自习室和试验区分开,给师生提供相对独立安全的休息和办公空间。

(2)作为新药研发的重要环节,相关动物实验是无法回避的,近些年随着在科学研究中使用的动物种类和数量越来越多,各级政府和主管部门相应的对动物实验的安全性问题也越来越重视[6]。特别是新型冠状病毒疫情的暴发,影响至今未能消除,国家出台了严格的实验动物管理办法和生物安全法。调查发现国内高校在实验用动物(如小鼠、大鼠)的饲养、繁殖、试验和尸体处置等方面却存在诸多不规范的地方,时有发现很多实验动物给药后,为了实验方便而长期违规留置在实验室内饲养的情况,严重违反生物安全法,对师生健康具有重大威胁,迫切需要整顿处理。针对这种情况,学校及时规划建设了校级实验动物中心大楼,分普通级和SPF级,可同时从事小鼠、大鼠、豚鼠、犬、猪和兔6种动物的饲养、繁殖及实验,亦可进行精子冷冻保种和基因编辑生产特定模式动物,从源头上彻底解决了生物安全管理的困境,促进了学科的交叉研究和发展。当前动物中心根据课题组的科研需要,正在积极审建动物生物安全二级和三级实验室,作为开展致病性病原微生物研究的动物实验支撑平台。

(3)对于易燃易爆和易制毒的危化品,单位统一采购了危化品柜和防爆冰箱,放置在特定安全区域,用于日常这些试剂的存储。作为专业的安全设备,设计时充分考虑了温湿度平衡、气体排放和防爆等因素。能够做到每个房间标配放置1个急救箱、1个灭火毯和1套灭火装置(CO_2或干粉灭火器),以备出现火灾或人员受伤急救时使用。

(4)在实验教学和科研过程中会产生危化品废液和固体垃圾[7],需完善基础配套进行分类专业处置,区分固液态、有机废液和无机废液等,集中用专业收集器收集,动物尸体要打包冷冻封存,通过专业的公司及时回收进行处理。

总之,对于新建的实验室和实验大楼要做好前期调研规划和设计,充分考虑实验室安全管理因素,从根本上消除安全隐患;对于已有的实验大楼,要视具体情况,该改造的改造,该修缮的修缮,该配套的安全设备一定要配套到位。没有硬件支撑,实验室安全管理工作很难有效落实。

2.2 多种方式结合提高安全意识,建设实验室安全文化

高校实验室安全建设的重要内容之一是打造师生认同的实验室安全文化[8],这是高校安全稳定发

展的软件保障,也是学校实验室安全平稳运行的核心所在。

通过开设实验室安全技术必修课讲解实验室安全知识和建立奖惩结合的激励机制等措施,以教师和学生为主体,发挥师生的积极性、主动性和创造性,变被动管理为主动服务,从而形成学校的实验室安全文化,使得实验室安全运行成为一种常态。这里的关键是管理者和被管理者之间的充分互动,要建立彼此信任和相互支持的良好关系,继而才能制定切实可行、行之有效的安全管理办法,会起到事半功倍的效果。如在具体培训时要形式多样,将安全知识讲解和实际操作相结合:①实验室准入前播放现实案例进行警示教育;②定期组织消防演习让师生掌握灭火器的使用方法,熟悉安全逃生路径;③建立实验应急预案,最大程度减小或化解危害;④开发安全培训和案例教育网站等等。构建覆盖面广、教育性强、演练效果好的实验室安全教育和演练体系[9],让师生都共同参与,一起做好实验室安全工作。

在安全管理方面要树立底线思维,依法依规治理:①学校或学院层面制定规则,将实验室安全与导师招生名额、实验室使用收费等事项挂钩;②建立学生实验室安全档案,与学生的奖学金、保研资格和优秀毕业论文评定挂钩;③出现安全事故视情节严重采取一票否决制。同时,学校划拨专项经费,对于实验室安全工作落实到位,表现突出的单位、管理人员和实验室进行评优奖励。从奖惩2方面入手,将实验室安全工作和师生的切身利益挂钩,效果显著。

通过这一系列举措,使得师生初步建立起实验室安全方面的忧患意识;结合日常的安全巡查纠正,不断规范实验操作,使之养成良好的实验习惯,在全校范围内形成师生认同的实验室安全文化氛围。

2.3 利用现代技术手段,实现试验全过程安全有效监管

随着信息技术的发展,很多先进的设备和软件可以运用到实验室安全管理工作中,得到的监控数据和图像可以通过互联网实时传输至服务器,管理者可以通过电脑浏览器或手机APP随时远程查看这些数据[10],提高了管理的成效。

经过多年的配套建设,当前实验大楼已启用了多种信息化管理措施:①配置了危化品存储领用处置监控系统;②启动管控试剂商城采购审批制;③实行大型仪器设备网上系统预约使用;④安装特种设备年检预警系统;⑤建设实验室安全管理信息共享平台;⑥安装实验室门禁管理准入系统,可参考美国高校实验室实施安全准入制度,只有通过实验室安全培训、考试并签订实验室安全承诺书的师生方能授权准入,严把实验室入口关,尽可能从源头上防范实验室安全隐患[11]。

在人工智能时代,实验室安全管理智能化程度会越来越高,相关软件和智控系统必将得到广泛应用,发挥越来越重要的作用[12]。

2.4 安全隐患分级管理,实施重点防控

实验室安全涉及广大教职工和学生们的生命财产安全,责任重大。

在具体落实时,一方面是明确安全责任。采用兄弟院校通用做法,搭建安全管理组织架构体系,要求"统一领导,归口管理,分级负责,责任到人",根据"谁使用谁负责,谁主管谁负责"的原则,出了事故严肃追责,有效监管[13];加强重点区域或设施设备的防控,安装通用气体检测器和消防直通报警系统,如有气体泄漏或其他重大事故发生会第一时间提示,启动应急措施,避免重大安全事故的发生。

二是努力建设一支实验室安全管理的专业化队伍。实验室安全管理工作专业性很强,尤其是多学科交叉融合的实验室[14]。一些高校已开始在吸纳相关专业的博士生甚至博士后人才加入安全管理队伍,实现实验室安全管理工作的专业化。有相应学科背景的安全管理人员,能够发挥专业优势,全面评估安全风险,提供整改建议,遇到突发情况亦能有效应对。

3 实施情况及未来展望

通过近十年的摸索实践,在建设和运行中不断积累管理经验,优化管理方式和方法,建立起了符合交叉学科实验室的安全管理模式,在实验室安全管理方面取得了显著成效。随着管理办法的不断完善,

近些年各实验室安全平稳运行,实现了年度安全零事故的期望,管理团队、课题组、管理人员和师生多次获得校级实验室安全管理方面的奖励。奖惩相结合,亦激发了大家参与实验室安全管理的积极性,潜移默化的构建起了实验室安全文化,为师生教学和科研工作保驾护航,得到了广大师生的认可和一致好评。

随着人工智能技术和VR技术的运用,能够在实验室安全培训时实现虚拟现实,借助相关设备师生置身于一个模拟的现实实验环境,实现人的自然技能和相应的设施信息交互[15],模拟实验操作,实时提示实验过程中的危险因素并预判和模拟出错误操作可能带来的后果。使得师生提前完善调整实验方案,规避风险点,安全进行实验工作。

未来将门禁系统、监控系统、仪器设备预约管理系统、通用气体监测系统、消防报警系统和管控试剂预定审批系统等进行整合,将形成一套非常完备的实验室安全管理信息系统,实验室主管部门可借助相关大数据信息制定宏观决策和实时调整完善管理举措,为实验室的管理信息化建设提供有利契机[16]。

4 结语

高校作为不断有新的师生加入的教育科研场所,其人员流动性大的特点决定了安全培训、安全教育工作必须常抓不懈,作为学校的一项常规管理工作进行落实。在具体工作中,在充分了解交叉学科实验室安全特点的基础上,既要完善客观基础条件,又要发挥广大师生的积极性,春风化雨将工作细化到日常运行中,不断探索实验室安全管理新举措、新模式,变被动应对为主动管理、积极服务。不断借助现代科学技术手段,以期实现实验室安全管理工作的可视、可控和可预判。

参考文献

[1] 刘国瑜,赵珩.基于学科交叉的国家重点实验室建设研究[J].实验技术与管理,2008,25(6):165-166.
[2] 吴军辉.药物化学生物学国家重点实验室通过科技部评估[R/OL].新浪新闻中心综合.(2017-06-29)[2022-02-14]. https://news.sina.com.cn/o/2017-06-29/doc-ifyhrttz1696783.shtml.
[3] 陈静威.化学生物学交叉科研平台建设与管理实践[J].实验室科学,2018,21(3):195.
[4] 朴莹,唐建斌,刘祥瑞,等.学科交叉型实验室的运行与管理[J].实验技术与管理,2019,36(1):263.
[5] 贾贤龙.高等学校实验室安全现状分析与对策[J].实验室研究与探索,2011,30(12):193-195.
[6] 彭华松,徐汪节,刘闻,等.国内高校实验动物安全管理的调查研究与思考[J].中国兽医学报,2019,39(3):598.
[7] 弓韬,张栋,牛玉虎,等.减少高校实验室危化品废液的思考与建议[S].广州化工,2019,47(18):155-156.
[8] 贾小娟,史鑫,董君枫,等.高校实验室安全文化建设实践探索与研究[J].实验技术与管理,2013,30(9):196.
[9] 熊顺子,彭华松,刘金生,等.高校院系实验室安全教育与演练体系探究[J].实验室研究与探索,2018,37(12):296-297.
[10] 张淑强,张乐,周磊,等.智能监测技术在高校实验室安全管理中应用[J].实验室研究与探索,2019,38(1):274.
[11] 孙秀娜,易桂兰.中美两国高校实验室安全准入制度的比较与启示[J].现代医药卫生,2020,36(1):151.
[12] 郭英姿,黄开胜,艾德生,等.实验室安全检查研究与系统开发[J].实验室研究与探索,2019,38(10):304-306.
[13] 李茂.高校实验室安全文化的认同体系研究[J].实验室研究与探索,2018,37(12):308.
[14] 孙杰,彭园珍,林燕语,等.实验室安全管理体系的建设与实践[J].实验技术与管理,2018,35(7):251.
[15] 张燕翔.虚拟/增强现实技术及其应用[M].安徽:中国科学技术大学出版社,2017.
[16] 陈玉清,邵文尧,颜晓梅.化学生物学专业实验室创建实践与体会[J].实验技术与管理,2018,35(5):252.

高频固液核磁共振波谱仪的维护使用

艾 惠,熊 嫣,闫 丽,高培峰

(北京理工大学 分析测试中心,北京 102488)

摘 要:高频固液核磁共振波谱仪是大型高端精密仪器,具有高灵敏性、高分辨率等优点,应用广泛,操作维护较复杂,是化学家结构解析和研究相互作用最常用的重要工具。本文以 Bruker Ascend 700 MHz 核磁共振谱仪为例,着重从磁体、超低温平台、固液探头切换及辅助设备等方面总结高频固液核磁共振波谱仪的维护经验,切实保障仪器长期稳定运行,使其更好地为教学科研服务。

关键词:高频固液核磁共振波谱仪;维护;磁体

中图分类号:O657

The Maintenance and Application of High-Frequency Solid-Liquid Nuclear Magnetic Resonance Spectrometer

Ai Hui, Xiong Yan, Yan Li, Gao Peifeng

(Analysis & Testing Center, Beijing Institute of Technology, Beijing 102488, China)

Abstract: High frequency solid-liquid nuclear magnetic resonance spectrometer is a large high-end precision instrument with high sensitivity, high resolution and other advantages. It is widely used and complex to operate and maintain. It is the most commonly used important tool for chemists to analyze structures and study interactions. Taking Bruker Ascend 700 MHz Nuclear Magnetic Resonance spectrometer as an example, this paper summarizes the maintenance experience of high frequency solid-liquid Nuclear Magnetic Resonance spectrometer from the aspects of magnet, ultra-low temperature platform, solid-liquid probe switching and auxiliary equipment, etc., to ensure the long-term stable operation of the instrument, which will be better for teaching and research services.

Keywords: solid-liquid nmr spectrometer; maintenance management; magnet

随着科技的进步与发展,国家财政加大对高校基础设施条件的建设,分析测试中心实验室规模逐步扩大,高端大型仪器设备数量也逐渐增多。核磁共振波谱仪(NMR,Nuclear Magnetic Resonance)作为重要大型仪器设备之一,是液体或固体纯化合物和混合物结构鉴定最常用、最直接的检测手段[1]。随着磁体磁场强度的不断提高,信号检测手段、脉冲实验、自旋标记等技术的进步,核磁共振的灵敏度已经得到很大改善,使其在有机化学、药物化学、生物化学、材料化学、生命科学及食品科学等研究领域发挥重要作用[2-8]。

布鲁克(Bruker Ascend)700 MHz 高频固液核磁共振谱仪(如图1所示)配备有BBO超低温探头和

作者简介:艾惠,硕士,实验师,研究方向为核磁维护及管理。

固体探头。BBO超低温探头为正相探头，^{13}C灵敏度最高，除了^{1}H和^{19}F外，所有在^{31}P和^{15}N的NMR核都能够被观测/照射，尤其适用于微量、低灵敏度和低丰度核样品的检测[9]。固体探头配有3.2 mm HX高频/低频宽带双共振固体探头和1.9 mm HX高速宽带双共振固体探头3种不同尺寸。不同频率范围的固体探头，能够对有机小分子、高分子、无机化合物粉末、多晶、单晶样品及膜试样的化学结构、空间结构进行表征与分析，广泛应用于多相催化、聚合物、玻璃、锂电池、纳米材料、药物和膜蛋白等诸多研究领域[10]。高频固液核磁共振波谱仪不仅具有超低温探头的高灵敏性、高分辨率特点，同时通过定期切换不同尺寸固体探头，可以对不同材料进行固体核磁表征。通过超低温探头和固体探头的结合，实现了液体核磁的超高分辨率、高灵敏度及固体核磁的检测，极大程度上满足了不同的测试需求，充分发挥了固液核磁共振波谱仪的功能效益及其在服务教学科研中的重要支撑作用。

高频固液核磁共振谱仪由磁体系统、机柜、操作控制台、超低温平台及辅助设备等组成，保障和维护其正常运行是核磁共振谱仪正常工作的前提条件。日常维护管理主要涉及磁体、超低温平台、固液探头切换及辅助设备等，需由专门的管理人员来进行，确保仪器稳定高效运行。

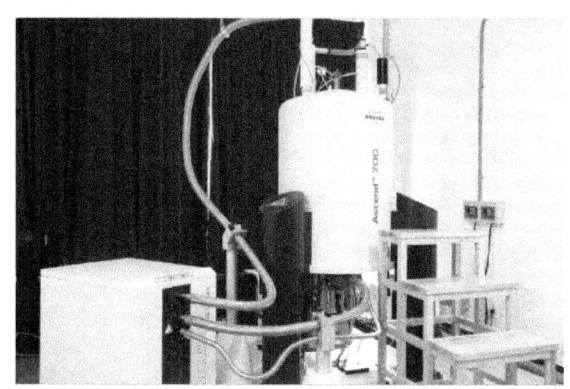

图1 布鲁克700 MHz核磁共振波谱仪

1 磁体

磁体是所有核磁共振波谱仪都必须具备的基本组成部分，用来提供一个强而稳定、均匀的外磁场，是使用者直接接触的部分，也是最容易人为造成故障的部分。进入核磁室，身上不得携带任何含铁的物品（如铁锤、钳子、手机、钥匙、机械手表、绣花针等）、磁卡（如银行卡、校园卡等），决不允许使用心脏起搏器或金属关节的人员接近磁体，以免造成磁体的损坏或严重时磁体失超[11]。

超导磁体被广泛使用，为了减少液氦损失，使用双层杜瓦瓶，在外层加入液氮以保持低温，因此需要定期按要求补充液氦和液氮以维持其超导状态[12]，减少或避免失超[13]现象的发生。超导磁体一般都会伴有失超现象的发生，失超过程会给磁体带来潜在危害，局部温升过高会烧坏磁体，层间电压过高会击穿绝缘材料，电流增长过大会导致过应力等[14]。发生慢失超原因可能有：①一般高场（600 MHz以上）的线圈材料和低场的（300 MHz、400 MHz）材料不一样，高场线圈对材料的要求更高、制作更难，但偶尔会由于线圈材料稳定性而出现一些意外，因此高场磁体均有一定的失超可能性；②由于主线圈的位置在液氦界面的69.1%位置，要通过一个很长的线圈来传冷使主线圈降温，液氦腔内液氦挥发，使腔内有一定的温度差，如果由于外部的压力变化（例如：刮大风、下雨）而导致液氦腔内的气流不稳，而正好热的气流（超过主线圈的临界温度时）经过主线圈的时候即有可能导致主线圈的开关打开，造成慢失超现象；③补加液氦过程中也有发生失超的可能性，应等液氦喷出来后再往磁体里加。如果刚开始进入液氦腔的液氦不够冷，为热的氦气的时候，容易吹到主线圈线圈，使其超过温度节点而造成慢失超；④补加液氦过程中,液氦柱上的单向阀不取下来,避免由于外界空气的对流进入磁体内,长期容易造成冰堵,严重可能导致磁体大失超。为了避免慢失超的发生,总结液氦补加注意事项如表 1 所示。至目前为止,核磁共振谱仪均保持正常运行状态。

表 1 液氦补加注意事项

事项	注意
时间周期	缩短补加液氦周期,每年补加 4 次
准备工作	提前半小时关闭压力平衡器(EAPD 电源)释放压力
加液氦过程中	等传输管喷出低温的液氦后,再插入磁体内;液氦柱上的单向阀不取下来,避免由于外面空气对流进入磁体内造成冰堵
加完液氦后	立即封闭敞开的磁体口,尽快吹化冰霜,再打开稳压装置 EAPD 的电源

2 超低温平台

超低温平台带有超低温冷却单元、超低温控制器和氦气压缩机,是超低温探头组件的一部分。通过压缩低温氦气来冷却探头检测线圈到 20 K 附近和前放电子线圈到 77 K 附近,可以最大程度降低可检测到的电子热噪声,提高探头检测灵敏度。超低温探头运行期间,超低温平台持续工作,需要定期对超低温平台进行维护保养,更换冷头、滤膜等,同时监控 99.9999 % 超高纯氦气用量,及时更换。氦气压缩机安装在核磁实验室外面,通过超低温控制器远程控制。室外机需要定期进行清理清洗,尤其是柳絮纷飞的春季和炎热的夏季,需要每周清理清洗,保证超低温平台地正常运行。固液核磁共振谱仪磁体配备液氮回收单元(BSNL 单元),在超低温平台运行过程中,可以将磁体挥发出的氮气收集、压缩液化后重新加注回磁体,每年补加 2～3 次液氮即可,极大地简化了磁体的维护工作,节约了液氮的成本。

3 固液探头切换

固液核磁共振波谱仪为窄腔,价格昂贵,维护管理较复杂。超低温探头和固体探头切换是一个很大挑战,尤其超低温探头附件很多,切换探头时更麻烦,要求仪器负责人员具有很高的技术水平和管理水平、丰富的操作经验和管理经验。从超低温探头回暖、拆卸到固体探头安装调试至正常使用需要 1 周左右时间,同时避开空气湿度大的季节对固体核磁测试的影响,每年固定时间开放,既满足不同的测试需求,又充分发挥高频核磁共振谱仪功能效益,其相互切换流程如图 2 所示。

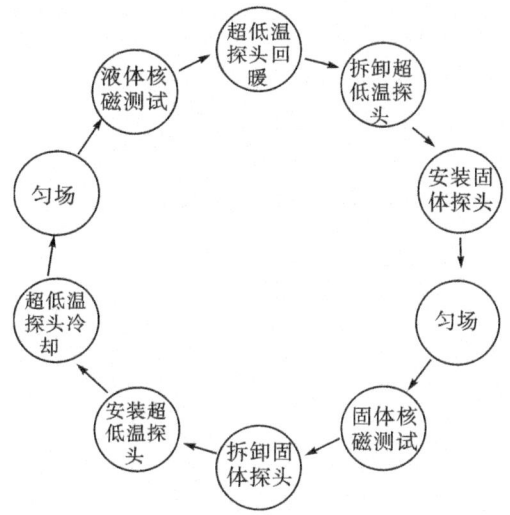

图 2 超低温探头与固体探头相互切换流程

4 辅助设备

为保证核磁共振波谱仪具有良好的运行环境,配备了空调、除湿机、空压机、UPS等重要辅助设备。空调和除湿机使核磁共振波谱仪在恒定的温度和湿度的稳定环境中,使液氮、液氦的挥发速度恒定且尽量小而又不影响正常测试。空压机工作时噪声比较大,机体会有震动,可以将空压机单独放在一个小屋并配有专门的空调维持其恒定的温湿度,并且定期检查活塞环、导向环磨损和轴承磨损情况,定期更换滤网,检查是否有部件松动,污水是否及时排出,气阀是否漏气等,发现问题及时维修,确保核磁共振波谱仪的正常运行。

工作中经常会突然停电,为了保障核磁共振波谱仪的安全运行,需配备UPS电源,使仪器在断电后仍可以持续供电1～2 h,给正常关机留出时间,避免对仪器造成损坏[15]。

5 结　语

对于高频固液核磁共振波谱仪的维护,需要注意和学习的地方仍然很多。今后,要进一步加强核磁共振波谱仪的学习,不断提高自身的业务能力水平。在日常维护管理过程中多注意细节,总结经验,交流学习,把高频固液核磁共振波谱仪管理好、维护好、开发好,利用好,充分发挥其在教学科研中的功能效益及价值,更好地助力学校"双一流"建设和社会的发展。

参考文献

[1] 兰伯特,马佐拉,里奇.核磁共振波谱学:原理、应用和实验方法导论[M].向俊锋,周秋菊,译.北京:化学工业出版社,2021.
[2] 雒丽雅.分析测试中心实验室安全管理初探[J].科技创新与应用,2018,36:187-188.
[3] 高明珠.核磁共振技术及其应用进展[J].信息记录材料,2011,12(3):48-51.
[4] 史全水.核磁共振技术及应用[J].洛阳师范学院学报,2006,2:82-84.
[5] 王桂芳,马廷灿,刘买利.核磁共振波谱在分析化学领域应用的新进展[J].化学学报,2012,70(19):2005-2011.
[6] 徐光漪.核磁共振在药物天然产物结构鉴定中的应用[J].分析测试通报,1988,7(6):6-13.
[7] 邓志威,李璟,许美凤,等.核磁共振技术在药物分析鉴定中的应用[J].分析测试学报,2012,31(9):1081-1088.
[8] 钟军,蒋雪梅.核磁共振波谱在药物研发中应用进展[J].光谱学与光谱分析,2015,35(1):282-286.
[9] 艾惠,高培峰.BBO超低温探头在分析测试中的应用[J].实验技术与管理,2019,36(8):94-97.
[10] 徐君,邓风.多学科交叉研究中的固体核磁共振[J].物理化学学报,2020,36(4),1912074.
[11] 吕梅香,汪朝阳,蒋腊生,等.液体核磁共振仪的维护与管理[J].实验室科学,2009,2:161-163.
[12] 朱明华,胡坪.仪器分析[M].4版.北京:高等教育出版社,2008.
[13] 刘炯.超导磁体的安全分析与检验建议[J].中国医疗器械杂志,2013,37(1):51-56.
[14] 李毅,王秋良,戴银明,等.MRI、NMR低温超导磁体失超保护综述[J].低温物理学报,2012,34(1):74-80.
[15] 崔庆新,彭佳敏,李岩君,等.核磁共振波谱仪的管理实践与展望[J].实验室研究与探索,2020,39(6):261-287.

高校科研实验室安全管理联动机制探索*

卫洪清[1]，胡道道[1]，李保新[2]

(1 陕西师范大学 材料科学与工程学院，西安 710119；
2 陕西师范大学 实验室建设与管理处，西安 710119)

摘　要：以创新为显著特征的高校科研实验室，具有人员流动频繁、研究问题多样、研究方法多变等特点。这些特点不仅增加了实验室安全隐患，而且给实验室安全管理带来极大挑战。针对此现实，本文提出了高校科研实验室安全管理联动机制，并配合此机制的有效实施，提出了建立专职实验室安全员队伍、多层次的实验室安全教育与准入体系、实验室安全信息化管理体系、实验室安全违规惩戒制度体系，为针对性破解高校科研实验室安全管理的"痛点、堵点、难点"提供可借鉴和可操作的有效策略。

关键词：高校科研实验室；实验室安全；联动机制

中图分类号：G474；G647

Exploration on Multiunit-joint Execution Mechanism of Safety Management in Scientific Research Laboratories of Colleges and Universities

Wei Hongqing[1], Hu Daodao[1], Li Baoxin[2]

(1 School of Materials Science and Engineering, Shaanxi Normal University,
Xi'an 710119, Shaanxi, China;
2 Department of Lab Construction & Administration, Shaanxi Normal University,
Xi'an 710119, Shaanxi, China)

Abstract: Scientific research laboratories in university being innovative have the characteristics including frequency in personnel transfer, diversity in research problems and volatility in research methods. These characteristics not only increase the laboratory safety risks, but also bring great challenges to the laboratory safety management. In view of this reality, proposing a multiunit-joint execution mechanism of the safety management in scientific research laboratories of colleges and universities. To effectively implement this mechanism, the teams of full-time laboratory safety officers, multi-level laboratory safety educations and admittance systems, information management system of laboratory safety, the punishment system of violating rules in laboratory safety, should be constructed. This mechanism provides useful and operable effective strategies to solve the "pain points, blocking points and thorny points" in the safety management of scientific research laboratories in university.

Keywords: scientific research laboratories in university; laboratory safety; multiunit-joint execution mechanism

---

* **基金项目**：陕西师范大学实验室安全管理联动机制研究（SYJS202203）

　作者简介：卫洪清，女，高级实验师，陕西师范大学材料科学与工程学院实验中心主任，研究方向为实验教学与实验室安全管理。

高校实验室是高等院校从事人才培养、教学活动和科学研究的重要基地,其建设水平已经成为评估高校教学科研水平的重要指标之一[1]。然而,近年来,高校实验室安全事故频发,已引起了社会普遍关注和政府的高度重视。2017—2021年期间,教育部有关加强高校实验室安全管理的密集通知,足以表明高校实验室安全形势严峻。相应地,各高校均出台了一系列实验室安全管理条例和操作规范,也签署了各层级责任书。尽管如此,高校实验室安全事故依然频发。据不完全统计,2001—2020年间,媒体公开报道的全国高校实验室安全事故有113起,共造成99人次伤亡,且事故多发于科研实验室。不难看出,许多安全事故的发生并不在于制度的缺失,而在于责任意识的淡薄和缺乏防患于未然的日常监管措施的落实。高校科研实验室安全管理不仅要有管理的组织架构、制度体系、操作规范等要求,更要有使相应要求有效落地的监管运行机制。本文立足我国高校科研管理及人才培养与管理的现实,通过对我国高校科研实验室安全管理体系所存在问题的深入剖析,充分发挥现代信息化及智能化手段的高效性及快捷性优势,提出了具有普适性、可操作性的高校科研实验室安全管理的多部门联动机制,旨在为高校科研实验室常规化安全管理提供一种新的管理模式。

1 我国高校科研实验室安全管理存在的主要问题

纵观我国高校实验室安全管理体系,普遍存在"重形式,轻实效""重部署,轻落实""重管理,轻预防"等问题,其根源与管理体系存在的固有缺陷有关。

1.1 兼管模式导致实验室安全管理的形式化

我国高校实验室安全管理普遍实施"责任制"[2]。毋庸置疑,建立安全责任制是做好高校实验室安全工作重要举措[3]。众多高校为实施安全责任制,层层签订安全责任状[4]。事实上,责任制体系中每个责任主体均具有兼管性特征。在实际工作中,各高校的实验室安全管理人员以兼职为主,专业化水平、专业技能、精力投入难以满足实验室安全工作需求。分身乏术的兼管使安全管理职责难以落实到位,责任的层层传导往往被异化为层层推责,使实验室安全责任难以"实责"易于"失责",实验室安全管理难于"专业化"易于"行政化"。兼管模式易导致实验室安全管理流于形式。实验室安全具有显著的专业技术性,非专业性的兼管使监管水平难以保证。

1.2 缺乏过程督查导致安全事故防范能力不足

实验室安全事故的发生具有极大的随机性,这些随机性偶发的实验室安全事故多以因违反操作规程或误操作引发,占事故总数的27%[5-6]。研究生是高校科研不可忽视的重要力量和基石,许多研究生在本科阶段重理论轻实验,使其实验技能较差,操作不规范。在独立开展研究的研究生阶段,引起实验事故的可能性增大。较大的学业压力也会因忙中出错增加实验室安全风险。特别值得一提的是,不规范或误操作不仅与操作人员缺乏安全知识有关,而且与明知有误却抱有侥幸心理、图省事怕麻烦等不良习惯有关。违规及非规范操作未出现事故的"经验"不仅强化成习惯,而且这些所谓的"经验"在实验室中极易传播,成为实验室安全的最大隐患。只有在实验室安全管理体系中落实和强化日常实验过程督查,并及时加以纠正,对促进规范操作的习惯养成、避免实验室安全事故的发生,具有特别的意义。

1.3 联动机制不完善导致实验室安全管理实效性不强

高校实验室安全管理是一个系统工程。我国各高校建立了"学校—学院—实验室"三级实验室安全管理构架,也有各层级明晰的职能和岗位责权以及相应的责任制。这种责任制更多地界定在实验室安全体系中的责任,缺乏责任落实的联动机制。往往造成重层级命令式的"管",轻协同化落实的"理",导致实验室安全管理实效性不强。众所周知,哈佛大学、麻省理工学院、牛津大学、剑桥大学、香港科技大学、新加坡国立大学等世界一流高校以环境、安全与健康管理体系(Environment,Health & Safety,简称为EHS)为实验室安全管理的重要依据,逐步形成较为完善的高校安全管理体系。宗旨是"预防为主,防患于未然"[7],该体系具有浓厚的实用性。我国高校实验室安全管理过于强调追责。层层签署责任状的目的是让人们履行好自己的责任,但当"达摩克利斯之剑"高悬头顶时,人们往往不是考虑如何"履责"而是考虑如何"免责"。若把更多精力放在营造"免责"的"留痕"上,就会滋长"履责"的形式主义。降低实验室安全风险应重在预防,而非事后的追责。防患于未然强烈依赖于实验室安全持续性的日常监管,在于对违规及非规范行为的及时发现与纠错,在于对违规或非规范行为的惩戒,在于持续的有针对性的安全教育。实现上述目标,应当在静态的制度体系基础上,建立多部门联动的过程、控制动态管理机制,以提高实验室安全管理的实效性。

1.4 危险源管控不力使实验室事故风险增加

危险源管控不利是导致高校实验室安全事故多发的重要原因之一。科研实验室具有人员流动频繁、研究问题多样、研究方法多变、学科复杂等特点。随着科学研究的不断深入和新技术、新材料、新工艺的广泛应用,实验室面临着更大的潜在风险和更为复杂的安全形势。实验室危险源涉及人、物、环境、管理等方面[8]。①人的不安全行为和失误导致的事故占据主要位置。例如:取用有毒物品时麻痹大意,未佩戴防护用品,导致中毒;将废弃的易燃品、爆炸品、强腐蚀性物品随意丢弃在垃圾箱内,引发火灾。②物的不安全状态指的是物的故障。例如电线老化漏电、加热设备温控系统失灵、机械设备发生故障等。③环境因素主要是指系统运行的环境。包括温度、湿度、噪声、通风换气、粉尘、照明等物理环境以及实验室的软环境。④管理因素如化学品等资源的采购、存储、使用及处置等诸多环节普遍存在管控不力的现象。自主采购,重复采购、超量采购甚至盲目采购现象较为严重。据陕西省教育厅2019年组织的陕西省内高等学校实验室安全专项检查结果显示,32%高校存在如上述危险化学品或实验室废弃物管理不够规范[9]。因此,只有正确识别与控制危险源,做好风险评估,对降低高校实验室安全事故风险具有特别积极的意义。

2 改进我国高校科研实验室管理的策略

从上述我国高校科研实验室管理存在的主要问题可以看出,缺乏防患于未然的日常监管与惩戒制度和多元主体闭环执行反馈的联动机制,是高校安全管理中的短板。从针对性破解高校科研实验室安全管理的"痛点、堵点、难点"出发,提出以下建议。

2.1 设立专职实验室安全员队伍

设立专职实验室安全员岗位对"防患于未然"的实验室安全管理具有特别积极的意义。纵观我国高校实验室安全事故,多由研究生操作不当引起的。尽管在高校实验室安全管理体系中,有指导教师作为安全责任人的明确规定,也有实验室安全培训环节,但客观而言,安全培训不可能面面俱到,导师也不可能时时刻刻监管学生的实验过程。研究生或教师作为兼职安全员,忙于自己的主业,也很难顾及实验室安全。现行的实验室安全管理体系,实际上对学生实验室安全日常监管存在严重缺失。因此,特别有必要在学院设立专职实验室安全员岗位,以实施日常实验室安全的随机巡查,及时发现错误并予以纠正。对出现的实验室安全隐患予以通报,填写检查台账,并将其作为对研究生业务考核的重要内容之一。只有在每天实验室安全检查中规范和督促研究生,才能使其在科研实践中形成良好的习惯,安全意识和规范操作才能成为下意识的自主行动。这样的措施不仅对降低实验室安全风险具有极其重要的意义,而且对提升研究生科学素养、营造良好的实验室安全文化也具有特别积极的意义。

事实上,在世界一流大学实验室安全管理措施中,均设有专职实验室安全员岗位。英国牛津大学各系部均聘有一名专职安全员及多名兼职安全员,协助学校安全办公室在各系部落实安全管理制度[10-11]。美国加州大学设置的专职实验室安全员,每天对实验室进行快速目视检查,以发现和排除潜在的安全问题。麻省理工学院在EHS机构设有专职的实验室安全技术人员[12]。近年来,加强实验室安全员队伍建设已经得到关注[13]。部分高校已经设置了专职实验室安全员岗位,并取得了良好效果。如清华大学对标EHS,引入了专业队伍,共在学校设置了15个专业技术岗位[11]。德国人帕布斯·海恩通过分析 55 万个事故,归纳出了海恩法则,其核心是事故的发生与操作者的自身素质和责任心有直接关系。国内高校实验室安全事故也佐证了这一法则。据统计,全国高等院校及科研院所实验室 98% 的实验室事故都是与人为因素相关[14]。设置专职实验室安全员岗位对落实日常安全监管、强化实验室工作人安全意识和操作规范无疑是一项有效策略。

2.2 建立切实可行的实验室安全教育与准入体系

我国各高校普遍建立了实验室安全准入制度,然而落实这些制度存在许多难点。其主要表现在,安全教育需求复杂,全面落实难度大,安全准入标准不统一。建立与实验室安全现实需求相统一的准入标准体系很有必要。

科研实验室人员构成复杂,实验方法与技术多变,使实验室安全教育复杂,实验室安全教育不易统一[15]。若视而不见这种现实,必然会增加实验室安全隐患。因此,构建动态化的实验室安全教育准入体系就显得格外必要。

对于高校科研实验室而言,在原有基本的实验室安全教育与准入制度基础上,只有将实验室安全教育与准入制度、人才培养体系结合起来,才能使实验室安全教育与准入制度实现普适性、个性化的有效结合,同时使制度的落实具有可操作性。对于研究生而言,普适性的三级安全培训教育与考核是实验室准入的基本条件。在开展实验之前,应对实验项目进行风险评估,通过风险评估的实验项目方可进行实验研究,对中途有安全风险变更的实验项目也应重新进行评估。实验室安全不应成为人才培养中的"包袱",应是人才科学素养培养的重要组成部分,应纳入研究生的中期考核内容中。将实验室安全与人才培养相结合,可精准落实具有个性化的实验室安全教育,更利于安全管理制度的有效落实。

2.3 建立实验室安全信息化管理体系

高校科研实验室的特殊性使其安全管理工作量大,繁重的实验室安全管理往往造成疲劳懈怠,因此,提高管理效率显得格外重要和必要。首先,高校实验室数量众多且分布分散,给实验室安全日常巡查带来了一定挑战。其二,科学研究的多变性特点,决定了实验室类型多样,危险源种类多、危险性高。学科交叉融合增加了危险源的复杂性。其三,高校实验室安全管理涉及部门众多,给联动协同管理带来极大挑战,利用信息管理手段是应对繁重和复杂高校实验室安全管理的有效途径。同时,以信息技术代替传统人工管理,可提高管理的客观性、公正性、透明性和及时性。我国许多高校已经实现了实验室安全管理的信息化。不过,笔者发现,随着实验室安全管理理念转变,高校实验室安全信息化管理系统有待改进空间。

为使高校实验室安全管理信息化系统具有"全过程、全要素、全覆盖、闭环性"等特征,建议系统开发应遵循以下基本原则。①规范性原则。系统中涉及的制度和要求应简洁明确,避免误事、误解、误判。②系统性原则。对于实验室安全检查的过程管理,从检查、审核、反馈、整改、核查等全流程监管,落实闭环式管理,实现多部门互联制度落实的无缝对接。对危险化学品、大型仪器、实验室安全培训等诸多孤立信息化管理系统,应融合"信息孤岛",形成一体化管理平台。③便捷实用原则。信息化管理的目的是提高效率,降低操作烦琐程度。利用二维码技术、PC 端及 APP 端双系统以及点击式自动生成功能等,提高系统的实用性和实效性。

2.4 建立实验室安全违规惩戒制度体系

防患于未然胜于事后追责。从教育部组织高校科研实验室检查[16]、省域高校实验室安全检查[8]、高校实验室安全问卷调查[17]等报道看出,普遍存在重事故追责轻违规惩戒、重制度建设轻制度落实、重形式检查轻结果警示等问题。笔者认为,只有把隐患及违章当作事故一样对待,强化防患于未然的基层实验室安全日常监管及违规惩戒,对确保实验室安全更具积极意义。事实上,作为科研工作者,安全意识和规范操作既体现科学素养,也体现与社会责任感密切相关的人才核心素养。科研实验室应该将实验室安全教育作为人才培养的重要组成部分。因此,将实验室违规惩戒与人才培养过程监管关联起来,不仅具有合理性，而且对防患于未然的制度落实具有特别积极的意义。

建立实验室违规惩戒制度体系：①在实验室安全管理体系基础上，建立实验室安全违规行为扣分细则。设立违规行为及相应扣分标准，并在日常检查给予实施。②确立违规积分与相应实验室的惩戒规则，形成相应的警告通报、停止实验室运行并整改、重新准入认证等实验室惩戒细则，由学院实验中心给予落实。③确立违规积分与相关人员惩戒规定，由学校实验室管理处、学院实验中心、学院学工部、学院党政办公室、校实验室管理处、校科研处等相关部门联合执行。基于以上制度体系，形成实验室安全违规惩戒制度体系。

2.5 建立实验室安全违规惩戒联动机制

我国高校均具有较为完善的实验室安全管理制度体系，但安全管理制度仍主要作为独立的管理工作，且安全管理职责多为兼管性，安全违规惩戒执行部门不甚明晰，造成安全管理惩戒措施难以执行。往往出现查归查，问题依旧、隐患依旧等情况，使得安全管理制度、检查制度形同虚设，未能发挥其应有的作用[18]。多数高校采用"检查—整改—再检查—再整改"的循环管理模式，安全管理制度仍然难以彻底落实，其根本原因在于管理者缺乏强有力的惩戒手段和职权[19]。据对300所一流大学和一流学科高校调查，多数高校对于实验室存在安全隐患或违规只是给予口头警告和整改通知，处罚处分不足20%。即使给予追责处分，极少公开公示，无法达到"处理一个，警示教育一片"之效果[16]。只有做到有议、有决、有行、有果，才能真正降低实验室危险程度[8]。基于高校实验室安全管理存在的缺陷，笔者认为，与前述建议相结合，建立旨在强化违规惩戒制度落实的实验室安全管理联动机制，对于破解上述难题具有积极借鉴意义。

对于研究生而言，应将实验室安全违规惩戒与培养过程始联起来。将实验室安全纳入到开题准入实验评估、中期考核、评奖评优、学位授予等管理体系，并由学院学位委员会、学工部予以落实。对于科研实验室负责人应承担的连带责任，对其惩戒应与其个人年度考核、聘期考核、评奖评优、岗位评聘、晋职晋级、研究生招生等挂钩，相应的惩戒由学院给予落实。对于严重违规实验室，科研处有权利停止其承担科研项目。对于实验室安全专职管理人员失责行为的惩戒，可纳入到单位年度、聘期考核及奖惩体系，纳入到教职工考核评价及奖惩体系，纳入到教职工职称及岗位评聘体系，由相应的学院、校实验室建设处及校人事部门落实。相应的联动机制参见下图1。

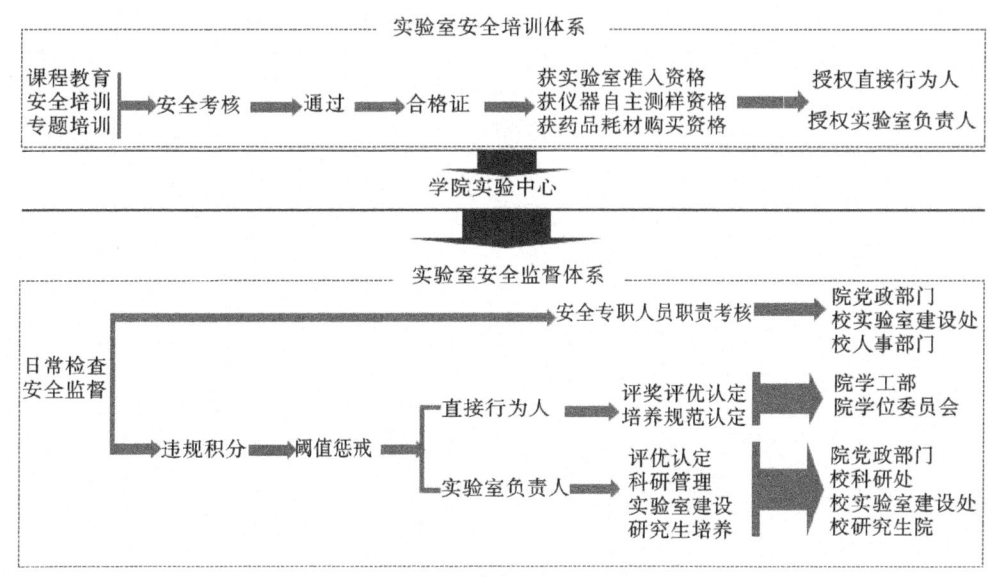

图1 高校科研实验室安全管理联动机制

为有效提高这一联动机制的执行效率，将联动机制纳入在实验室安全信息化管理系统，形成具有

PDCA循环特征的管理体系。即涵盖P(plan)计划、D(do)执行、C(check)检查、A(act)处理4个功能。在P方面,具有明确的"安全培训计划"、明晰的"违规与惩戒细则";在D方面,具有安全检查的具体落实策略;在C方面,具有惩戒等级的自动化形成功能;在A方面,具有惩戒信息自动推送不同部门的指向功能。使所构建的信息管理体系,既具有高效运行能力,又具有避免人为因素的介入,以提高管理体系的"客观性、公开性、规范性、快捷性、举证性"。

这里仅提出了与实验室安全极为密切的基层科研实验室人员违规性的惩戒联动机制。客观而言,让实验室安全监管干部承担实验室工作人员安全违规行为的连带责任不甚合理。作为管理干部,应该承担因管理疏忽疏漏造成的实验室安全违规或事故等相应责任。对于干部失职性错误应该纳入干部考核评价及奖惩体系,并由学校组织部及人事部门负责处理。与科研实验室相比,无论从组织管理还是安全责任落实方面,高校教学实验室安全管理都非常明晰,本文对此不再赘述。

4 结语

一直以来,在我国高校实验室安全管理责任体系中,无论所涉及的是部门还是个人,实验室安全被作为兼管职责。在学科建设竞争异常激烈的形势下,高校各类人员工作头绪多、任务重、压力大。长此以往,实验室安全常常被懈怠,无疑增加了发生实验室安全事故的概率。尤其是存在诸多不确定性因素的高校科研实验室,存在安全隐患的问题更为突出。防患于未然的实验室安全日常监管和违规惩戒制度建设与落实,有利于及时发现问题、及时整改、及时规范和及时警示,从而促进实验人员安全规范行为习惯的养成和实验室安全文化氛围的形成,对于降低高校实验室安全事故的发生具有极其重要的积极意义。

参考文献

[1] 邵凯隽,孟军,王世泽,等.高校实验室安全管理常效保障体系的构建[J].实验室研究与探索,2016,35(10):299-303.

[2] 李丁,曹沛,王萍,等.高校实验室安全管理体系构建的探索与实践[J].实验室研究与探索,2014,33(3):274-277.

[3] 晏锦,马强.构建保障制度落实的高校实验室安全保障体系[J].实验技术与管理,2014,31(1):207-210.

[4] 杜云翔,吴福根,刘贻新,等.高校实验室安全管理新思路—实验室安全周初探[J].实验室研究与探,2014(2):279-282.

[5] 贾小娟,吴兵,高九德,等.规范高校实验室危险化学品管理[J].实验室研究与探索,2011,30(11):191-193.

[6] 李志红.100起安全事故统计分析及对策研究[J].实验技术与管理,2014,31(4):210-213.

[7] 苏凯,李林潇,卫飞飞,等.浅谈高校实验室安全准入体系的改进[J].教育教学论坛,2022,4:9-12.

[8] 关旸,王林燕,陈亮,等.实验室危险因素评估及安全准入管理探索[J].实验技术与管理,2017,34(5):263-265.

[9] 郭建中,李坤,刘少恒,等.新时期高水平实验室安全管理探索与实践[J].实验技术与管理,2020,37(4):4-8.

[10] 李轩复.基于海恩法则建设实验室安全员队伍[J].实验技术与管理,2018,35(11):254-256.

[11] 刘浴辉,向东,陈少才.英国牛津大学实验室安全管理体系[J].实验技术与管理,2011,28(2):168-171.

[12] 李冰洋,黄开胜,艾德生.世界一流大学实验室安全管理理念及清华大学实践[J].实验室研究与探索,2022,41(1):299-305.

[13] 余阳,姜涛,骆轶姝,等.高校理工类院系实验室安全管理探索[J].纺织服装教育,2022,37(1):17-20.

[14] 谭小平,李会芳,师琳.新形势下高校实验室安全管理运行机制的完善[J].实验室研究与探索,2020,37(9):294-297.

[15] 杜奕,陈定江,杨睿,等.化学实验室准入制度的建立与实施[J].实验技术与管理,2015,32(10):221-231.

[16] 冯建跃,杜奕,张新祥,等.高校实验安全三年督查总结(Ⅰ)[J].实验技术与管理,2018,35(7):1-11.

[17] 查国清,徐亚妮,秦夷飞.高校实验室安全管理体系存在的问题及对策建议[J].实验技术与管理,2020,37(10):271-277.

[18] 邵凯隽,孟军,王世泽,等.实验室安全管理常效保障体系的建设与实践[J].实验技术与管理,2016,33(3):235-240.

[19] 张志强,张新祥,何平.高校具有危险性的仪器设备管理的探讨[J].实验技术与管理,2012,29(10):12-17.

前 沿 探 索

基于"元宇宙"概念的大学物理实验平台建设及未来教学模式的探索与研究

张月颖,周 群,郭露芳,崔连敏,杨 欣

(上海理工大学 公共实验中心,上海 200093)

摘 要:随着信息时代的快速发展,元宇宙概念产生并迅速发展,由于其未来巨大、多样和广泛的应用前景,可以预见会对整个世界产生颠覆性的影响,已经引起全球范围内的关注和研究。元宇宙在科研和教学场景的应用在未来也会对高校产生革命性的巨大影响,本文主要探讨元宇宙技术成熟后在大学物理实验教学上应用的可行性和潜力,并对未来的教学模式作了几点思考。

关键词:元宇宙;大学物理实验;网络实验平台

中图分类号:G482

Exploration and Research on the Construction of University Physics Experimental Platform and Future Teaching Mode Based on the Concept of Metaverse

Zhang Yueying, Zhou Qun, Guo Lufang, Cui Lianmin, Yang Xin

(Public Experimental Center, University of Shanghai for Science and Technology, Shanghai 200093, China)

Abstract: With the rapid development of the information age, the concept of metaverse has arisen and developed rapidly, which can be expected to have a disruptive impact on the whole world due to its huge, diverse and widespread application prospects in the future, and has already attracted attention and research on a global scale. The application of metaverse in research and teaching scenarios will also have a revolutionary and tremendous impact on universities in the future. This paper focuses on the feasibility and potential of applying metaverse technology in university physics experimental teaching when it matures, and makes a few thoughts on the future teaching mode.

Keywords: metaverse; university physical experiment; network experiment platform

1 引言

随着全球数字化建设浪潮的不断发展,特别是自新型冠状病毒疫情暴发以来,全国各个大学都不断发展和探索基于互联网的线上教学模式[1]。大学物理实验是理工科高效人才培养体系教学的重要环节[2],经过多年的探索,各个高校已经发展出在线仿真[3]、基于 Web 的翻转教学等模式[4],取得了良好的教学效果。在可以预见的未来,线上线下教学相结合会成为教学新常态。现有的线上教学虽然可以

作者简介:张月颖,女,硕士,实验师,主要从事原子介质中钻石型能级结构非简并四波混频过程的研究。

成为线下教学的补充,但尚无法达到线下教学的体验效果。

第四次科技革命发展迅速,各种新的互联网概念层出不穷,特别是2021年"元宇宙"概念再次提起,将现有的VR、5G、区块链等技术集成到一起,既是完全独立于现实的平行空间,也可以实现虚实结合,与现实世界进行交互。其发展将未来对现实社会造成巨大的影响,深远改变人类的经济、社交、科研、教学等模式,世界各国将此视为未来争夺信息发展的高地,加快其核心技术的开发以及应用场景的推广。

元宇宙构建需要大量的算力,现有的算力水平还无法大规模支撑元宇宙的构建和发展。其发展目前还处于起步阶段,当前元宇宙的主要应用场景在游戏和社交等领域,但是元宇宙巨大的应用潜力,全球的学者都在不断探讨利用元宇宙优势解决现实问题的可能性[5],元宇宙的发展也为教育科学体系的改革提供了一个契机[6-7],大学物理实验是各个学科的基础课程,对于培养学生科学思维、动手能力等具有重要的意义,其模式改革也一直在各个课程的改革最前沿[7],本文针对大学物理实验这一大学重要课程,在信息时代"元宇宙"模式下的相关探索进行了几点思考。

2 大学物理实验教学模式发展变革

物理是一门以实验为基础的学科,大学物理实验在培养理工科学生的物理感知,提升学生的动手实践能力以及增强学生的创造力和创造性思维起到十分重要的作用。

当前大学物理实验教学方式主要分为2种:大学物理老师课程跟班负责制以及专任大学物理实验老师负责制。这2种模式各有优缺点,第一种模式有利于理论和实验相结合,加深学生对于物理教学知识的理解。但是却容易导致学生依赖老师,缺乏深度思考。第二种模式,专门的大学物理实验中心,能够更加专业更加体系指导学生,但是在有限的实验课程中,专任老师无法了解学生对于理论的理解程度,因材施教,同样的教学方法不适用于不同基础的学生[8]。

传统的教学模式为所谓的"Cook"模式[4],即老师先进行讲解,学生再进行按部就班的模拟重现,并完成实验报告。很多学生对于实验背后隐藏的物理原理和其重要意义缺乏了解,兴趣不足,仅为完成课程,往往效果不佳。为了解决这些问题,近年来也逐渐发展了讨论探究式教学[9,10,1]、基于项目驱动的教学模式[2]、基于大学物理实验竞赛模式等教学模式,在提升学生创造力和创新性方面都取得了很好的成效。

此外,大学物理实验的教学模式和媒介工具也随着数字化时代的发展在不断地变革和提升,特别是近3年的疫情,线上教学变得异常重要,为了激发新常态教学下学生的学习兴趣并提升学习成效,大学物理实验教学的相关老师开展了:①基于Web的翻转教学模式[4];②基于仿真模拟的在线教学模式[3];③基于VR模式的沉浸式体验教学模式[8]等模式的积极探索,这些模式充分利用了当前的最新科技成果,突破了时空等边界条件限制,在学生对于理论理解以及知识学习,以及教师对于学生的学习状态和学习效果的了解和分析等方面,取得了很好的辅助效果。在线教学虽然更加方便,但是这些模式只能部分代替线下教育的功能,仍无法比拟和学生线下面对面互动以及实际操作仪器获得的体验。

3 基于元宇宙概念的大学物理实验的发展探索

3.1 元宇宙概念

元宇宙最早出现与1992年的科幻小说《雪崩》,小说描绘了一个庞大的虚拟现实世界,人们在其中拥有虚拟替身,可以在其中实现与现实相同或者超越现实的场景体验。其具体含义为人类运用数字技术,将现实世界映射或超越现实世界,可与现实世界交互的虚拟世界,具备新型社会体系的数字生活空间。随着技术的不断进步,其概念仍在不断的发展、演变。简而言之,元宇宙是一个平行于现实世界运行的人造虚拟空间,由 AR、VR、3D 等技术支持的虚拟现实网络世界[11]。

3.2 "元宇宙"大学物理实验平台的构建

构建元宇宙空间的大学物理实验平台,就是将线下的大学物理实验平台通过数字化建设移动到线上的虚拟空间,通过 VR、XR、脑机接口等技术等将人和虚拟空间中进行连接,从而实现"人""物""场景"感知、交互和决策等活动,主要分为以下几个方面的构建[6,11]:

(1)"人"的数字化:通过数字加密等技术,老师和学生在元宇宙拥有虚拟替身,是开展各类科研和教学活动的基础。

(2)设备和仪器数字化:利用数字仿真技术对各类仪器、材料等进行 3D 建模并实现其功能,然后将不同实验仪器和材料在元宇宙虚拟场景中进行搭建,组装用于演示实验的平台和系统,使用者可以直接对设备和仪器进行感知和交互。

(3)场景的构建:在元宇宙可以模拟大学物理实验教室,或者是其他多种不同种类的实验场景及其属性,如太空、深海、极地等环境,大大拓展实验教学的边界条件。

3.3 "元宇宙"模式下的大学物理实验教学的优势

元宇宙大学物理实验平台的优点:①教师和学生可以不受时间和空间的限制,通过 AR、VR 或者脑机接口等设备随时随地进入元宇宙,并在虚拟空间中完成课程学习和实践,获得完全沉浸式的多层次、多感官的临场体验,原理上全球各地的学生都可以同时在元宇宙中互动。②对于大物实验所需要设备、仪器、材料等硬件设施,在虚拟世界完成数字化仿真后,只要有足够的算力支撑,就可以不限时空同时供多人在使用,维护成本基本为零,特别是对于一些大型的贵重仪器,现实中购买或使用成本极其高昂,在虚拟空间中进行仿真模拟,可以大幅度降低其使用成本,增加其普适性,使得很多被实验条件限制的研究变成可行。③构建多种不同的场景,如可以构建课堂环境,甚至可以突破传统的教学的环境限制,模拟太空、深海、极地等极端环境,也可以模拟大型基础设施如风洞、辐射等人造环境。使得大学物理实验教学拥有多样化的拓展空间,教学更加丰富有趣。④有助于开启创新性研究,已经在虚拟世界中构建的仪器设备模块,可以方便地随时进行使用,大大减少了现实世界中购买、调试等流程,减少科研耗费的时间和经费,从而降低研究的门槛,使得人人皆可创新,人人皆能创新。在虚拟世界中仿真成功,可以在现实世界中再次重现,极大提高了创新的效率,降低了失败成本。

元宇宙的构建需要花费大量的资金和人力资源,并开展长时间的技术研发,单个大学或机构构建元宇宙难度较大,可由全国或者是大型公司集中进行"大学物理实验平台"元宇宙的建设,通过开放共享的平台模式对各个高校使用,可以大幅度降低使用成本,降低使用门槛,提高使用效率和教学体验。同时,相对于线下的实验,更加绿色安全。

3.4 元宇宙下大学物理实验教学的新模式探讨

元宇宙在教育领域带来的变革将是颠覆性的,将会带来世界范围内的教育公平,解决区域教学质量不平衡的现象,大幅提升不发达地区的教育水平。对于大学物理实验教学,其教学模式的构想如下:对于传统的教学模式,教师和同学在元宇宙具有各自的虚拟替身,登录元宇宙即可在聚集到特定场景中,教师可以在场景中 3D 展示设备的功能,并演示实验,同学在虚拟场景中完成实验,系统对于同学在过程中遇到的困难和操作错误进行记录和分析,并给出精准的综合评价[6]。最终教师对学生实验中出现的问题进行针对性的教学,学生可以在元宇宙多次重复实验并最终完成知识的获取;对于探索性的实验,可以在选定主题后,在元宇宙进行分组讨论,并根据实验需要选定仪器和材料等模块和场景,在 AI 智能辅助下协同搭建实验平台,通过分析失败原因并反复尝试,最终完成实验目标;与此同时,未来的大学物理实验竞赛等都可以在元宇宙环境下进行。

虽然在元宇宙中实现教学、科研等社会活动,仍有非常长的路要走,但数字文明是未来的趋势,我们要抓住变革新机遇,提前布局,积极开展相关的技术开发和应用研究。

参考文献

[1] 崔连敏,周群,汤猛,等.创新性人才培养的《大学物理实验》教学体系探索[J].软件导刊,2019,18(4):79-80.

[2] 杨欣,周群.基于项目驱动的大学基础实验教学探究与研究[J].实验室科学,2019,22(6):85-87.

[3] 崔连敏,周群,贾宁,等.虚拟仿真的大学物理实验线上线下教学模式探讨[J].实验室科学,2022,25(1):155-158.

[4] 郭露芳,周群,杨欣.基于Web的大学物理实验翻转教学探究[J].软件,2017,38(7):58-61.

[5] 李明悦,李潇萱,李谦,等.元宇宙背景下智能化校园自助服务的可行性研究[J].商展经济,2022(21):115-117.

[6] 段茂君,郑鸿颖.教育元宇宙:教育复杂系统的混合物理模型[J].宁波大学学报:教育科学版,2022 44(6),1-10.

[7] 蒋嘉顺.元宇宙技术应用于高中生物学教学的思考与展望[J].生物学教学,2023,48(2):72-75.

[8] 岳鹿,张文惠.新时期大学物理实验教学改革的思索与探求[J].科技视界,2022,22(5):92-94.

[9] 张芸,田爽.大学物理实验课程探究式教学研究[J].中国现代教育装备,2022(15):160-162,165.

[10] 李鸿英,韩飞,孟令岩.大学物理实验探究式教学改革研究[J].长春师范大学学报,2022,41(8):163-167.

[11] 郭宇,张传洋,于文倩,等.元宇宙视域下数智化医疗信息应用服务模式研究[J].现代情报,2022,42(12):117-126.

新工科背景下智能网联与新能源汽车实验室的研究与探索*

刘彪杰[1]，杨果仁[1]，贺礼强[2]，蔡顺燕[1]，陈静[3]

（1 成都师范学院 汽车工程实验实训中心，四川 成都 610000；
2 成都盘沣科技有限公司，四川 成都 610000；3 四川轻化工大学，四川 宜宾 644000）

摘　要：智能网联与新能源汽车实验室是汽车行业"智能化、电动化、网联化和共享化"发展和转型升级的必然趋势，作为对变革进程影响最大的高等教育也面临新技术、新产业、新业态和新模式的重大挑战。通过对新工科教育理念和汽车行业人才新需求的分析，本文阐明了在新工科背景下，面向国家汽车强国战略新需求建设智能网联与新能源汽车实验室的必要性与迫切性，探讨了智能网联与新能源汽车实验室建设、管理与产教融合等，探索技术创新、成果转化、人才培养、学术交流、社会影响、推广应用等方面的经验，对其他专业的创新型应用型实验室建设具有一定的借鉴和参考意义。

关键词：新工科；智能网联；汽车强国；实验室建设

中图分类号：G642

Research and Exploration of Intelligent Interconnection and New Energy Vehicle Laboratory in the Context of New Engineering

Liu Biaojie[1], Yang Guoren[1], He Liqiang[2], Cai Shunyan[1], Chen Jing[3]

(1 Automotive Engineering Experimental Training Center,
Chengdu Normal University, Chengdu 610000, Sichuan, China;
2 Chengdu Panfeng Technology Co., Ltd., Chengdu 610000, Sichuan, China;
3 Sichuan University of Science & Engineering, Yibin 644000, Sichuan, China)

Abstract: Intelligent networking and new energy vehicle laboratories are an inevitable trend in the development and transformation of the automotive industry towards electrification, intelligence, networking, and sharing. As the higher education that has the greatest impact on the transformation process, it also faces significant challenges from new technologies, industries, formats, and models. Through the analysis of the new engineering education concept and the new demand for talents in the automotive industry, the necessity and urgency of building intelligent networking and new energy vehicle laboratories in response to the new needs of the national automobile power strategy in the context of new engineering are clarified. The construction, management, and integration of intelligent networking and new ener-

---

* 基金项目：2021 四川省汽车服务工程一流本科专业建设（2021SJYLZY02）；2021 省级科技计划项目四川省青少年 STEAM 科技创新实践教育能力提升培训（21KJPX0131）。
作者简介：刘彪杰，男，讲师，汽车工程实验实训中心主任，研究方向为实验室智能管理及维护。

gy vehicle laboratories are discussed, and technological innovation, achievement transformation, talent cultivation, academic exchange, and social impact are explored. The experience in promoting applications and other aspects has certain reference and significance for the construction of innovative applied laboratories in other majors.

Keywords: new engineering; intelligent internet connection; automobile powerhouse; laboratory construction

1 引言

智能网联新能源汽车是采用非常规的车用燃料作为动力来源,综合车辆的动力控制和驱动方面的先进技术,形成的技术原理先进、具有新技术、新结构。搭载先进的车载传感器、控制器、执行器等装置,并融合现代通信与网络技术,实现 V2X 智能信息交换共享,具备复杂的环境感知、智能决策、协同控制和执行等功能,可实现安全、舒适、节能、高效行驶,并最终可替代人来操作的新一代汽车[1]。国家统计局发布全国新能源汽车保有量达 891.5 万辆,占汽车总量的 2.9%。其中纯电动汽车保有量 724.5 万辆,占新能源汽车总量的 81.27%[2]。《新能源汽车产业发展规划(2021—2035 年)》传统燃油车到新能源汽车,汽车技术路线发生了很大的调整,这对汽车技术服务相关的岗位也意味着一个新四化调整。其中最大的人才缺口就在汽车售后服务、维修领域,特别是维修面临的人才调整和改变更为直接。

新工科背景下,智能网联汽车实验室建设的意义在于为高校和企业提供了一个重要的实验平台,可以使研究人员对智能网联汽车的关键技术进行研究和验证[3]。此外,智能网联汽车实验室的建设也可以促进高校和企业的合作,实现技术和人才的共享。同时,智能网联汽车实验室的建设还可以为相关专业学生提供更加真实的实践环境,使其能够更好地理解和掌握智能网联汽车技术,为智能网联与新能源汽车设计开发、营销、售后维保等赋能。

2 智能网联与新能源汽车实验室建设与条件要求

2.1 实验场地和设备条件

智能网联与新能源汽车实验室的实验场地和设备条件通常需要满足一定的要求,以支持相关的研究和开发工作。智能网联与新能源汽车实验室 1 068 m² 室内空间,用于搭建各种设备和进行相关的实验研究工作。智能车辆测试管控 S 型路段 200 m 的测试场地,用于智能车辆的测试和验证,如智能驾驶测试场地、车辆避障测试场地等。充电设施以满足新能源汽车的充电需求。数据采集设备采集各种车辆和交通信息,如 GPS、惯性测量单元(IMU)、激光雷达等。仿真和测试设备仿真软件、测试平台等,以便研究人员进行虚拟测试和验证。通信设备用于智能车辆之间的通信和车辆与交通管理中心之间的通信。

2.2 教辅团队的建设与培养

智能网联与新能源汽车实验室的人才团队是实验室能够持续发展和推进科研工作的重要支撑。其工作将为实验室的建设和发展提供重要的支持和保障[4]。因此,实验室应该注重加强对教辅人员的管理和培养,提高其整体素质和工作效率。实验室需要吸引并招募一批有相关领域经验和研究能力的人才,包括研究员、工程师等。在人才招聘方面,实验室可以通过建立校企合作关系、在高校和科研院所进行宣传和招聘等方式,吸引有潜力和经验的人才加入实验室。实验室需要提供必要的培训和支持,以帮助人才不断提高技术能力和科研水平。这包括在技术装备和相关操作流程的培训、学术交流、参与行业会议和活动等方面,确保实验室设备的安全和有效使用。此外,实验室还可以建立导师制度,帮助新人适应实验室的工作和研究氛围。建立一个高效的团队合作机制,鼓励人才之间进行合作和交流,以便共同解决科研难题。实验室定期组织团队会议、讨论等活动,加强团队合作和沟通。建立合理的激励机制,激励人才在科研工作中发挥出最佳水平。例如,实验室可根据学校政策设立成果奖励、职称评定、发表论文奖励等激励措施,以及提供具有竞争力的薪酬和福利待遇。

通过上述建设和培养,智能网联与新能源汽车实验室可以吸引和培养出一批具备领先科研水平和技术能力的人才,推动实验室持续发展和研究成果的取得。

2.3 实验室管理制度的建立

智能网联与新能源汽车实验室管理制度的建立是保证实验室正常运作和高效管理的基础。建立明确的实验室组织架构,明确各个职位的职责和权限,建立相应的管理制度。制定一系列实验室规章制度,包括实验室的安全管理制度、设备使用规范、实验室纪律等,确保实验室工作的有序进行[5]。建立科研项目管理制度,规定项目的申请、批准、实施、验收和结题等各个阶段的流程和标准,以确保项目进展和成果的有效管理和评估。建立耗材经费管理制度,规范经费的申请、使用、审批、监管和绩效评估等各个环节,确保经费使用的合理、透明和高效。制定并实施学术道德规范,保证实验室成员的学术研究遵守科学规范和伦理要求。建立信息管理制度,保护实验室的机密信息和知识产权,防范信息泄露和知识产权侵权。实验室中的设备需要定期检修、保养和维护,确保其正常运行和安全性。在设备使用时需要按照规定的程序操作,遵守操作规程和安全标准,避免设备故障和意外事故。实验室环境需要保持干燥、通风、清洁,防止火灾、漏电和水灾等安全事故。同时,实验室需配备灭火器、烟雾报警器等消防设施,确保环境安全。实验室中涉及的数据需要进行严格的保密和备份,防止数据丢失、泄露和被篡改等安全问题。同时,需要制定完善的数据管理规定和安全措施,确保数据安全。实验室人员需要进行安全教育和培训,掌握实验室的安全规章制度和应急预案,提高安全意识和应急处理能力。同时,实验室需配备急救设施和急救人员,确保人员安全。总之,智能网联与新能源汽车实验室的安全是非常重要的,需要建立完善的安全管理体系,加强安全教育和培训,确保实验室的安全运行。

通过上述管理制度的建立和实施,智能网联与新能源汽车实验室可以确保实验室工作的高效、规范和有序进行,提高实验室的科研能力和影响力,推动实验室成果的转化和应用。

3 智能网联与新能源汽车实验室建设与管理的研究

3.1 实验室开放性与合作性

智能网联汽车实验室应该具有较高的开放性,即对外开放,吸引更多的人才和资源。通过与其他高校和企业的合作建设、共享设备和资源等方式,促进开放性。同时,组织一些学术交流和技术培训活动,吸引更多的专业人才参与到实验室的建设和运营中来。通过与相关高校和企业的合作,实现资源共享、技术研发和人才培养等方面的合作,提高智能网联汽车实验室的综合实力和竞争力。同时,可以建立起产、学、研联合的合作模式,将实验室的研究成果快速转化为实际应用,提高智能网联汽车技术的应用水平和市场价值。注重知识产权的保护和合理利用。在开展合作和共享资源的过程中,应该建立起完善的知识产权保护机制和技术转移机制,保障实验室研究成果的合法权益,同时也有利于推动实验室的技术创新和转化。

3.2 关键技术研究与验证

智能驾驶技术包括感知、决策和控制3个方面。在智能网联汽车实验室中,开展基于视觉、雷达、激光雷达等传感器的感知技术研究,通过深度学习等技术实现车辆的自主决策,同时探索车辆的自主控制算法[6]。建立仿真环境,开展交通流仿真、车辆协同控制等研究。通过实验验证,优化车辆的路径规划、信号灯配时等交通管理策略,提高道路通行效率和交通安全性。研究车联网通信技术、数据传输和数据处理等关键技术,探索如何提高车辆之间的信息交流和数据共享能力,从而实现车辆之间的智能协同和交通管理。研究车辆的安全技术,如防碰撞、自动刹车、自动泊车等技术,通过实验验证,提高车辆的安全性和驾驶舒适性。研究车辆的人机交互技术,如语音交互、手势识别等技术,探索如何提高车辆的用户体验和驾驶舒适度。

通过以上关键技术的研究和验证,智能网联汽车实验室可以促进智能网联汽车技术的创新和发展,为相关企业和高校提供更好的技术支持和人才培养环境。

3.3 实验教学与科研结合

结合实际教学需要,将相关课程的内容与实验室的研究方向相结合,让学生在实践中学习掌握相关技术,提高教学效果。将正在进行的研究项目的内容和实验平台与学生实验相结合,让学生参与到实际的科研项目中,培养学生的创新能力和实践能力。将科研成果与实验教学相结合,将研究成果应用到实验教学中,让学生感受到科研成果的实际应用价值,同时也推动科研成果的转化和应用。结合产业需求,开展实验教学项目,让学生了解和掌握产业所需的技术和能力,为学生的就业和产业发展提供更好的支持。提高教学效果和科研成果转化的效率,同时也有利于培养学生的创新能力和实践能力,为产业发展和人才培养提供更好的支持。

3.4 智能网联与新能源汽车实验室的科普功能

通过科普活动,向中小学学生普及智能网联、新能源汽车等领域的科学知识,让更多人了解和认识这些新兴技术,提高中小学学生对科技发展的关注和理解。通过科普活动,宣传实验室的科研成果和研发项目,让中小学学生了解实验室在技术创新方面的成就和发展动态,提高实验室的知名度和影响力。通过举办科普讲座、科技展览等活动,培养中小学学生的科学素质和科学精神,增强中小学学生的科学知识和科学思维能力,推动科学文化的普及和发展。通过科普活动,向中小学学生推广实验室的科技成果和产品,让中小学学生了解实验室的技术应用和社会效益,促进科技成果的推广和应用。

智能网联与新能源汽车实验室的科普功能对于推动科学文化的普及、提高中小学学生及社会大众的科学素质和科技认知、促进科技成果的推广和应用等方面具有积极的作用和重要的意义。

3.5 智能网联与新能源汽车实验室的思政功能

根据学校办学定位、汽车服务工程专业特色和人才培养要求,结合智能网联与新能源汽车实验室的主要功能要求,深入思考和挖掘相关知识内容中的思政元素[7]。一是通过确立智能网联与新能源汽车的基本知识,激发学生学习的兴趣,构建智能网联与新能源汽车技术的整体轮廓、掌握智能网联与新能源汽车的脉络,传承中国智造的工匠精神、树立汽车强国科学报国的伟大志向的课程目标,实现从课程思政知识教育向课程思政养成教育的转变,达到了潜移暗化的目的。二是通过开展教学视频、讲授教学、翻转教学等多元化模式,多层次、立体化的课程思政资源建设,极大地拓展了课程思政资源的丰富性、有效性和针对性。三是把握从行业人才需求的角度讲智能网联与新能源汽车的知识体系,从智能网联与新能源汽车发展的角度讲科学精神,结合新中国的汽车技术发展尤其是新能源汽车产业链成就讲民族复兴,做到了课程理实一体化教学、VR虚仿、思想教育有机融合。

4 实践成效

4.1 实验室的技术创新和成果转化

智能网联汽车实验室通过技术创新和成果转化,推动智能网联汽车相关领域的发展,为产业发展和社会进步做出贡献。通过建设先进的实验平台、引入领先的技术人才和科研项目,不断推动智能网联汽车相关领域的技术创新。例如,通过与成都盘沣科技有限公司搭建模拟城市和模拟交通场景等实验平台,实现智能网联汽车在复杂交通场景下的测试和验证。将科研成果和技术创新转化为具有商业价值的产品和服务,为产业发展和社会进步做出贡献。例如,通过与成都思蓝网络科技有限公司利用智能网联汽车技术实现智能驾驶、智能交通等领域的产品和服务,推动相关产业的发展。通过与产业界建立紧密的合作关系,共同推进技术创新和成果转化。例如,与成都畅易汽车科技有限公司合作开展智能网联汽车的研发和测试,或者与智能交通系统提供商合作推广智能交通系统等。通过建设教学实验室和科研平台,为学生提供学习和实践的机会,培养智能网联汽车领域的高层次人才,为产业发展提供人才支持。

4.2 实验室的人才培养和学术交流

智能网联与新能源汽车实验室的人才培养和学术交流是实验室建设的重要组成部分。智能网联与新能源汽车实验室建设多元化的课程体系,包括智能网联技术、新能源汽车技术、控制理论等[8],为学生提供全方位的学习和实践机会,培养跨领域的复合型人才。聚集了国内外优秀的科研团队和专家,聘请高校、企业、职业学校专家9人。建立了学术研究交流平台,为学生提供与专家学者进行面对面交流的机会,促进学术研究的发展。建立校外实习就业基地12个实践基地建设,积极开展学术交流和人才培养合作。例如模拟城市和模拟路况等,为学生提供实践机会,让学生将所学的知识应用到实际场景中。为学生提供实习和就业机会,为学生提供就业岗位和实习机会。近50%的学生选择职教师资方向并到中职学校和高职院校从事汽车类专业的教学工作。

智能网联与新能源汽车实验室通过多种方式培养跨领域的复合型人才,促进学术交流和科研合作,为产业发展提供人才支持。同时,实验室也为学生提供广泛的实践机会和就业资源,为学生的职业发展提供支持和帮助。

4.3 实验室的社会影响和推广应用

智能网联与新能源汽车实训室经过3年的规划与建设,汽车服务工程专业获批为"第二批应用型示范专业",获批为"四川省一流建设专业"。已获批省级一流本科课程"单片机原理与车载网络""汽车保险与理赔""Python程序设计",省级示范课程"汽车营销"。获得全国高校汽车金融管理师与二手车鉴定评估师技能大赛6项冠军,5项季军,6项亚军;泰迪杯数据挖掘挑战赛全国1项等奖,2项二等奖,1项三等奖;挑战杯国家三等奖1项及省级金奖2项,互联网+省级金奖2项、银奖1、铜奖3项。省部级教改3项,校级课题3项。在专利方面发明专利2项,实用新型专利15项。教学论文30篇,其中中文核心7篇,SCI检索6篇。

依托智能网联与新能源汽车实验室成立的成师-马立新新能源汽车研究院,为马立可万源店、车之嘉恒大店、捷腾汽修、马立可李家沱店、马立可金沙店、马立可北新店、鹰明新能东风服务站、四川冠普供应链、马立可双流店、郫都区华立汽车修理厂、经典传承汽车维修站等一线技术工程师新能源汽车维修认证,目前滚动开班6期。举办来自全国中高职本科共计40多名汽车专业教师智能网联汽车高级师资研修班。

5 结语

新工科背景下智能网联与新能源汽车实验室的研究与探索尚处于起步阶段。再今后的研究与套索中继续追求坚持应用型的导向,培养创新型服务人才。坚持专业标准与职业标准相结合,坚持校学与行业企业结合,坚持信息技术与课程深度结合,形成以大数据为支撑的新型汽车服务人才培养的内容体系;坚持一课堂与二课堂相融合,形成"THI"创新创业教育体系;彰显"师范性"特色,培养智能网联与新能源汽车服务与职教师资复合型人才。推进校企合作的实践教学条件建设、有助于完善理实一体的教学改革,不断强化以能力为核心的各项评价改革,持续开展以汽车为主的课外科技文化活动等一系列专业建设措施,极大地提升了汽车服务工程专业的专业内涵,人才培养取得了良好的效果。

参考文献

[1] 杨蓉.新能源汽车产业链溢出效应研究[D].成都:四川大学,2023.
[2] 冯春林.我国智能网联汽车产业的发展困境与应对策略[J].当代经济管理,2018,40(5):64-70.
[3] 孔晓璇,卢海峰,刘重羊,等."新工科"背景下高校智能建造实验室建设探索[J].实验室研究与探索,2022,41(12):281-285.
[4] 李贵,王兴东,邹光明,等.新工科背景下机械类课程设计实践教学"四能力"培养模式构建[J].实验室研究与探索2021,40(4):213-216.
[5] 李浩,张秀花,王会强,等.面向新工科的机械类基础课程体系构建——以河北农业大学机电工程学院为例[J].河北农业大学学报:农林教育版,2018,20(5):58-62.
[6] 王宇.基于车联网的智能车辆节能诱导策略研究[D].北京:北京交通大学,2020
[7] 徐圆圆."课程思政"供给侧改革视域下高校实验室安全教育体系模式思考.[J].实验室研究与探索2021,40(11):291-293.
[8] 卢佃清,李新华,蔡立.应用型本科院校新能源科学与工程专业实验室建设的探索与实践[J].实验技术与管理.2014,31(12):226-229.

基于数据包络法的大型仪器开放共享综合评价*

姚 洁,马江权

(常州大学 实验室建设与管理处,江苏 常州 213000)

摘 要:为了促进大型仪器开放共享水平,提高资源配置决策能力,对大型仪器共享绩效评价。评价指标主要包括仪器设备资产总值、实验技术人员、日常管理、年使用机时、科研成果,根据实际情况,区分投入指标和产出指标。按照部分日常报表完善指标数据值。运用数据包络分析方法,建立评价步骤,从技术效益、综合效益、规模效益、DEA有效性、投入冗余率和产出不足率等方面综合分析,运用Python语言实现数据包络法的计算部分,得出结果后,分析评价决策单元的投入产出情况,由分析得出各评价单元在结构上的不足情况,方便具体分析原因和提出优化方案,从而指导后期决策。数据包络法是一个客观、简洁的评价方法,通过该方法,将繁多的数据以经济学概念,得出实物投入产出对比,是大型仪器开放共享成效评价的有效手段。

关键词:数据包络法;大型仪器;规模效益;DEA有效性;Python

中图分类号:TQ016

Large-scale Instruments Based on DEA Share Comprehensive Evaluation

Yao Jie, Ma Jiangquan

(Department of Lab Construction and Administration, Changzhou University, Changzhou 213000 Jiangsu, China)

Abstract: To promote the open sharing level of large instruments, improve the decision-making ability of resource allocation, and evaluate the performance of sharing large instruments. Evaluation indicators mainly include the total asset value of instruments and equipment, experimental technicians, daily management, annual use of machine hours, scientific research results, according to the actual situation, distinguish between input indicators and output indicators. Improve the indicator data values according to some daily reports. Using the data envelopment analysis method, establish the evaluation step, from the technical benefits, comprehensive benefits, scale benefits, DEA effectiveness, input redundancy rate and output shortage rate and other aspects of comprehensive analysis, the use of Python language to achieve the calculation part of the data packet network method, after the results, analyze the input and output of the evaluation decision-making unit, from the analysis to derive the structural deficiencies of each evaluation unit, convenient for specific analysis of the reasons and propose optimization programs, so as to guide the later decision—making. The data packet network method is an objective and concise evaluation method, through which a large number of data are used as economic concepts to draw a

---

* 基金项目:江苏省高校实验室研究会立项资助研究课题(GS2022ZD01);江苏省大型科学仪器开放共享自主研究课题。

作者简介:姚洁,女,硕士,讲师,主要研究方向为实验室管理。

comparison of physical inputs and outputs, which is an effective means for large-scale instruments to open and share effectiveness evaluation.

Keywords: packet network method; large instruments; economies of scale; DEA effectiveness; Python

在社会发展不断进步的过程中,共享的理念逐渐深入人心,在高校大型仪器不再属于私有物品,逐步推进开放共享,秉承社会发展的共享理念,共享能绿色、节约、高效,实现以人为本、共同富裕。习近平在中央全面深化改革委员会第二十七次会议强调:"要发挥我国社会主义制度能够集中力量办大事的显著优势,强化党和国家对重大科技创新的领导,充分发挥市场机制作用,围绕国家战略需求,优化配置创新资源,强化国家战略科技力量,大幅提升科技攻关体系化能力,在若干重要领域形成竞争优势、赢得战略主动。"这对于科技资源管理方面提出了更高的要求,更多地关注科技资源开放共享的绩效成果。高效大型仪器共享开放不但能优化国有资源,深入实现仪器本身功能减少闲置率,更好科学研究的物质保障,从而提高校内外师生科研工作的积极性。为深入贯彻开放共享理念,各高校不断提升管理水平,针对仪器购买、使用、维修、报废等各阶段制定相关规定,在购买阶段通过项目论证,严格审核购买仪器同类别在校内的使用及时情况,排除仪器重复购买情况;在使用阶段,利用管理平台和管理制度,开放预约,通过合理收费,为仪器增值增效;在维修和报废阶段,按照国有资产管理规定要求,对仪器进行评估核算,定期维修保养延长仪器的使用寿命。

在大型仪器整体管理的过程中,对仪器管理绩效综合评价工作的研究十分重要。目前部分研究针对某区域不同高校不同年份用数据包络分析原理进行分析,对管理问题提出建议[1-2]。从高素质人才、资金投入力度等因素对实验室产出绩效进行评价分析,从而提出管理因素的侧重点,也可从纯技术效益、规模效益和综合效益对大仪进行实际分析,并概括了DEA方法的应用的优点和确定[3]。部分研究整理大型科学仪器整体资源分布情况,然后运用建立的评价指标体系和DEA方法对大仪投入产出绩效情况进行评价,并针对区域分布情况给出合理建议[4]。也可以运用DEA方法分析科技资源共享水平对科技成果创新效率的影响机制和实证分析,分析得出资源共享水平和创新效率成正相关,为提高科技成果产出应加强资源共享管理水平[5]。因此,数据包络分析法可以很好地应用于实验室大型仪器评价[6],评价结果中得出的建议和意见有助于管理决策,从而提升大型仪器的管理水平。

1 数据包络分析DEA方法运用

1.1 数据包络分析理论

数据包络分析是利用线性规划和凸分析,对多个投入指标、多个产出指标进行综合评价的方法,计算相对效率值和投影值来给出决策单元的改进建议[7]。一般建模过程包括:确定评价对象,构建评价指标单元,确定输入、输出指标类,选择DEA模型,利用计算机语言实现评价过程,分析结论。

因实际生产生活中,决策单元并不是在最适合的规模下生产,所以B. D. Banker等(1984)提出BBC模型,此模型在变动规模报酬下,把技术效率分为规模效率和纯技术效率2部分。以下为模型原理:

$$x_j = \begin{bmatrix} x_{1j} \\ x_{2j} \\ \vdots \\ x_{mj} \end{bmatrix}, y_j = \begin{bmatrix} y_{1j} \\ y_{2j} \\ \vdots \\ y_{kj} \end{bmatrix}, V = \begin{bmatrix} v_1, \\ v_2, \\ \vdots \\ v_m \end{bmatrix}, U = \begin{bmatrix} u_1 \\ u_2 \\ \vdots \\ u_k \end{bmatrix} \quad (1)$$

其中,x为输入指标,y为输出指标,V为输入指标的权重,U为输出指标的权重。

$$h_j = \frac{\sum_{i=1}^{k} u_i y_{ij}}{\sum_{i=1}^{m} v_i x_{ij}} \tag{2}$$

其中,h_j 是指输出和输入的比值,越大代表输出相对较多而输入相对较少,所以得出以下公式,计算约束条件下的,h_j 最大值:

$$\max h_0 = \frac{\sum_{r=1}^{k} u_r y_{rj0}}{\sum_{i=1}^{m} v_i x_{ij0}} \tag{3}$$

$$s.t. = \begin{cases} \dfrac{\sum_{r=1}^{k} u_r y_{rj0}}{\sum_{i=1}^{m} v_i x_{ij0}} \leqslant 1(j=1,2,\cdots,n) \\ v_i \geqslant 0(i=1,2,\cdots,m) \\ u_r \geqslant 0(r=1,2,\cdots,k) \end{cases}$$

$$s.t. = \begin{cases} h_j = \dfrac{U^T y_j}{V^T x_j} \leqslant (j=1,2,\cdots,n) \\ V \geqslant 0 \\ U \geqslant 0 \end{cases}$$

运用 Charnes-Cooper 变换,计算如下:

$$t = \frac{1}{V^T x_0} > 0, \omega = tv, \mu = tu$$

$$\begin{cases} \max \mu^T y_0 = h_0 \\ \omega^T x_j - \mu^T y_j \geqslant 0(j=1,2,\cdots,n) \\ \omega^T x_0 = 1 \\ \omega \geqslant 0, \mu \geqslant 0 \end{cases} \tag{4}$$

计算得出 ω_0, μ_0 最优解满足 $h_0 = 1$ 则 DEA 有效;

加入约束条件 $\sum_{j=1}^{n} \lambda_j = 1$,构建 BCC 模型:

$$\text{Min } \theta_{j0} - \varepsilon(e^{\wedge T} s^- + e^t s^+)$$

$$s.t. \begin{cases} \sum_{j=1}^{n} \lambda_j y_{rj} - s^+ = y_{rj0} \\ \sum_{j=1}^{n} \lambda_j x_{ij} + s = \theta_{j0} x_{ij0} \\ \sum_{j=1}^{n} \lambda_j = 1, \lambda_j \geqslant 0 \end{cases} \tag{5}$$

式中,ε 是无穷小量,s^+ 是产出松弛变量,s^- 是投入松弛变量,λ 为各单元的组合系数。

1.2 数据包络分析步骤

第一步进行 DEA 效益和规模报酬分析,由上述 θ_{j0}、s^+、s^- 分析综合效益(CCR)、技术效益(BCC)、规模效益,得出 DEA 有效性结论。其中,技术效益是指技术因素带来的效率,等于 1 说明要素使用合理,小于 1 说明还有改善空间;综合效益(CCR)反应决策单元要素效率,CCR 该值=1 且 s^+、s^- 为 0,代表 DEA 强有效，CCR 该值=1 且 s^+、s^- 一个为 0，代表 DEA 弱有效，CCR 该值<1，代表非 DEA 有效；θ_{j0} 为规模效率反应规模带来的效率，规模效益=综合效益/技术效益。

第二步进行投入冗余分析，由 s^- 对决策单元进行投入冗余分析，s^- 为 0 代表无投入冗余，即基于当前的产出不需要减少投入到达高效率，当前即为高效率；s^- 取值大于 0，值越大代表投入冗余越多，即基于当前的产出需要减少较多的投入才能达到高效。同时，将过多投入除以已投入，得出相对比率为投入冗余率，投入冗余率越大，则代表需要减少投入冗余的占比越大。

第三步进行产出不足分析，由 s^+ 对决策单元进行产出不足分析，s^+ 为 0 代表无产出不足，即基于当前的投入不需要增加产出到达高效率，当前即为高效率；s^+ 取值大于 0，值越大代表产出不足越多，即基于当前的投入需要增加较多的产量才能达到高效。同时，将需要增加的产量除以已产出，得出相对比率为产出不足率，产出不足率越大，则代表需要增加的产出的占比越大。

1.3 运用 Python 语言进行计算编程

Python 语言是新兴的热门语言，在数据包络分析方法中，对于数据处理部分，涉及线性规划的计算，包括计算最优解和检验数，因此对于多指标分析的数据包络法，可以使用 Python 语言编程完成，语言主要分为数据导入模块、循环计算最优解和检验数模块、数据导出模块等，而计算语言主要建立在数据包络方法本身。

数据包络方法可以通过手工计算、excel 的模拟分析规划求解模块、编程语言等方法实现，主要围绕线性规划求解，而因为数据包络方法只关注数据本身，因此输入数据格式都为数字。手动计算需考虑计算的准确率和计算量，excel 模块可以解决手动计算的不便，但是对于不同规格数据或者重复计算的灵活性较差。而编程语言能更好地完成大量数据的重复计算。如图 1 为数据包络方法由编程实现的步骤。

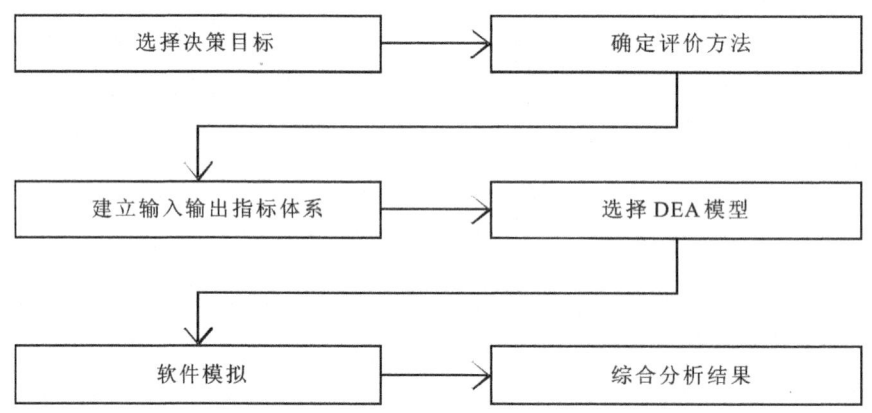

图 1 Python 编程实现 DEA 方法的过程

2 仪器共享综合评价指标分析

实验室大型仪器开放共享绩效评价是日常工作的重点之一，能有效直观看出仪器开放共享的情况，根据资产管理的相关政策要求，各高校逐步规范细化大型仪器绩效考核内容，各区域根据各科研机构提交的开放共享评价数据，也同样能分析区域内开放共享情况，目前绩效评价的指标体系研究很广泛，科技厅每年统计科研仪器的开放共享情况，这个统计也建立相关评估指标体系，而且根据指标考核给予考核等第结果[8]。绩效评价的指标体系主要分以下几类：实验室仪器设备资产总值、实验技术人员、实验室面积、日常管理、入网情况、维修保养情况、年使用机时、年开放共享收入、科研成果等[9]。以上指标体系在评价过程中以产出为主，实际关注投入部分的内容相对较少[10]。

在投入部分关注指标相对多的情况下，分析绩效评价结果的成因部分会更具有参考性，并且如果投入部分细化，分析结果对于日常管理的决策部分和仪器购买论证有更多的参考性[11]。从实际管理中看,仪器设备资产总值、实验技术人员、日常管理这几个作为投入指标,年使用机时、科研成果作为产出指标较为合理。

3 案例应用分析

3.1 按学院分析大型仪器开放共享情况

如表1为某年度全校各学院大型仪器使用情况的数据统计表,表格中设备原值为仪器购买时入库登记资产原值,实验人员数包括全职人员和兼职人员总人数,管理水平根据职能部门年末绩效考核结果得出,考核分为自评和职能部门打分2部分,运行机时为全部仪器一年内总使用即时,包括仪器使用前准备时间和操作时间等,成果累计科研论文、获奖和专利。

表1 各学院大型仪器使用情况汇总表

序号	学院	设备原值	实验员人数	管理水平	运行机时	成果
1	材料科学与工程学院	41 671 126	17	90	34 735.75	399
2	光伏科学与工程协同创新中心	6 344 287	1	90	6 998	95
3	环境与安全工程学院	16 906 391	10	85	21 329.5	148
4	机械与轨道交通学院	7 364 597	6	80	2 855	15
5	生物医学工程与健康科学研究院	9 519 599	3	85	14 685	75
6	城乡矿山研究院	1 215 967	1	85	1 088	13
7	石油工程学院	10 106 401	8	80	5 533	65
8	石油化工学院	29 007 608	16	90	65 568	382
9	微电子与控制工程学院	3 050 533	5	80	1 147	15
10	先进催化与绿色制造协同创新中心	2 896 464	4	80	4 408	16
11	现代分析测试与研究中心	36 733 751	13	95	29 360	174
12	药学院	6 063 171	3	85	6 966.5	39
13	自然与合成有机化学研究院	5 339 846	1	85	3 214	45

表2 各学院大型仪器DEA效益和规模报酬分析

序号	学院	效益分析			规模报酬分析	
		技术效益(BCC)	规模效益(CCR/BCC)	综合技术效益(CCR)	有效性	类型
1	材料科学与工程学院	1	1	1	DEA强有效	规模报酬固定
2	光伏科学与工程协同创新中心	1	1	1	DEA强有效	规模报酬固定
3	环境与安全工程学院	0.974 223	0.666 472	0.649 293	非DEA有效	规模报酬递增
4	机械与轨道交通学院	1	0.171 505	0.171 505	非DEA有效	规模报酬递增
5	生物医学工程与健康科学研究院	1	1	1	DEA强有效	规模报酬固定
6	城乡矿山研究院	1	0.723 989	0.723 989	非DEA有效	规模报酬递增
7	石油工程学院	1	0.460 949	0.460 949	非DEA有效	规模报酬递增
8	石油化工学院	1	1	1	DEA强有效	规模报酬固定
9	微电子与控制工程学院	1	0.329 666	0.329 666	非DEA有效	规模报酬递增
10	先进催化与绿色制造协同创新中心	1	0.673 276	0.673 276	非DEA有效	规模报酬递增
11	现代分析测试与研究中心	0.883 883	0.614 747	0.543 364	非DEA有效	规模报酬递增
12	药学院	0.973 331	0.563 861	0.548 824	非DEA有效	规模报酬递增
13	自然与合成有机化学研究院	1	0.562 786	0.562 786	非DEA有效	规模报酬递增

由表 2 分析得出，材料科学与工程学院、光伏科学与工程协同创新中心、生物医学工程与健康科学研究院、石油化工学院为规模报酬固定、DEA 强有效，说明这些单位大型仪器的使用效率很高，其他学院在效率使用中仍有改善的空间。

表 3 各学院大型仪器 DEA 投入冗余分析

序号	学院	投入冗余量			投入冗余率		
		设备原值	实验员人数	管理水平	设备原值	实验员人数	管理水平
1	材料科学与工程学院	0	0	0	0	0	0
2	光伏科学与工程协同创新中心	0	0	0	0	0	0
3	环境与安全工程学院	0	1.189 255	0	0	0.118 926	0
4	机械与轨道交通学院	0	0.332 349	9.801 578	0	0.055 392	0.122 52
5	生物医学工程与健康科学研究院	0	0	0	0	0	0
6	城乡矿山研究院	0	0.545 42	50.170 41	0	0.545 42	0.590 24
7	石油工程学院	0	1.915 036	0	0	0.239 38	0
8	石油化工学院	0	0	0	0	0	0
9	微电子与控制工程学院	0	1.476 979	12.468 28	0	0.295 396	0.155 853
10	先进催化与绿色制造协同创新中心	0	1.617 459	47.811 6	0	0.404 365	0.597 645
11	现代分析测试与研究中心	6 478 658	0	0	0.176 368	0	0
12	药学院	0	0	31.009 25	0	0	0.364 815
13	自然与合成有机化学研究院	0	0.089 101	5.205 199	0	0.089 101	0.061 238

从表 3 分析得出，使用效率不高的学院在结构上有哪些需要改善的方面。材料科学与工程学院、光伏科学与工程协同创新中心、生物医学工程与健康科学研究院、石油化工学院为 0，代表无投入冗余。现代分析测试中心的设备投入较多，环境与安全工程学院、石油工程学院、微电子与控制工程学院、先进催化与绿色制造协同创新中心的实验人员配备相对不足，城乡矿山研究院、先进催化与绿色制造协同创新中心、药学院应提高大型仪器管理水平。

表 4 各学院大型仪器 DEA 产出不足分析

序号	学院	产出不足量		产出不足率	
		运行机时	成果	运行机时	成果
1	材料科学与工程学院	0	0	0	0
2	光伏科学与工程协同创新中心	0	0	0	0
3	环境与安全工程学院	1 276.476	0	0.059 846	0
4	机械与轨道交通学院	0	1.633 266	0	0.108 884
5	生物医学工程与健康科学研究院	0	0	0	0
6	城乡矿山研究院	0	0	0	0
7	石油工程学院	2 655.688	0	0.479 973	0
8	石油化工学院	0	0	0	0
9	微电子与控制工程学院	0	0	0	0
10	先进催化与绿色制造协同创新中心	0	9.681 064	0	0.605 066
11	现代分析测试与研究中心	0	0	0	0
12	药学院	0	5.687 07	0	0.145 822
13	自然与合成有机化学研究院	100.842 1	0	0.031 376	0

从表4分析得出,环境与安全工程学院、石油工程学院、自然与合成有机化学研究院在仪器使用机时不足,机械与轨道交通学院、先进催化与绿色制造协同创新中心、药学院在成果产出这一项不足。

3.2 按年度分析大型仪器开放共享情况

大型仪器绩效评价根据决策和评价目的,确定评价单位,也可以对同一单位不同年度纵向分析,下面为该高校各年度大型仪器管理情况汇总表。

表5 学校各年度大型仪器使用情况汇总表

序号	年度	设备原值	实验员人数	管理水平	运行机时	成果
1	2015	11 347.56	71	62	63 281.3	1 023
2	2016	10 372.45	76	71	74 613	1 056
3	2017	11 686.82	81	85	93 153	1 136
4	2018	10 527.34	83	85	76 527.4	1 201
5	2019	12 104	81	90	96 928.3	1 233
6	2020	13 199.58	85	91	112 384	1 325
7	2021	12 948.45	87	95	183 247	1 481

表6 学校各年度大型仪器DEA效益和规模报酬分析

序号	年度	效益分析			规模报酬分析	
		技术效益(BCC)	规模效益(CCR/BCC)	综合技术效益(CCR)	有效性	类型
1	2015	1	1	1	DEA强有效	规模报酬固定
2	2016	1	0.942 521	0.942 521	非DEA有效	规模报酬递增
3	2017	0.952 092	0.899 088	0.856 014	非DEA有效	规模报酬递增
4	2018	1	0.997 441	0.997 441	非DEA有效	规模报酬递增
5	2019	0.977 827	0.914 492	0.894 216	非DEA有效	规模报酬递增
6	2020	0.959 414	0.968 992	0.929 665	非DEA有效	规模报酬递增
7	2021	1	1	1	DEA强有效	规模报酬固定

表7 学校各年度大型仪器DEA投入冗余分析

序号	年度	投入冗余量			投入冗余率		
		设备原值	实验员人数	管理水平	设备原值	实验员人数	管理水平
1	2015	0	0	0	0	0	0
2	2016	0	7.131 435	0	0	0.093 835	0
3	2017	0	2.277 265	0	0	0.028 114	0
4	2018	0	12.235 927	7.743 3	0	0.147 421	0.091 098
5	2019	43.411 085	0	1.387 576	0.003 587	0	0.015 418
6	2020	425.343 611	0	0	0.032 224	0	0
7	2021	0	0	0	0	0	0

表 8 学校各年度大型仪器 DEA 产出不足分析

序号	年度	产出不足量		产出不足率	
		运行机时	成果	运行机时	成果
1	2015	0	0	0	0
2	2016	41 731.817 16	0	0.559 31	0
3	2017	45 510.674 8	0	0.488 558	0
4	2018	72 074.657 39	0	0.941 815	0
5	2019	55 633.179 41	0	0.573 962	0
6	2020	44 678.926 18	0	0.397 556	0
7	2021	0	0	0	0

同样由表 5—8 分析可以得出,2015 和 2021 年度为规模报酬固定、DEA 强有效、投入冗余为 0、产出不足为 0,即大型仪器开放共享绩效较好的年度。投入冗余率中,2018 年度在实验室人员投入上偏多,2018 年度在实验室仪器管理水平相对偏低,2020 年度在仪器购买上费用相对偏多。在产出不足率表格看出,2018 年在运行机时这一项产出相对不足。

4 结 语

数据包络方法相对其他评价方法,只关注实际数据值,对数据进行线性规划分析,从经济意义上考虑,指标体系的影响情况,这个种定量分析方法,着重于客观统计数据,在数据分析过程中,根据其经济意义,分析趋势成因,简单有效得出规模效益结果,从而指导后期决策。而决策是相对复杂的过程,在决策目标、评价指标、评价单位的确定对评价结果的影响较大,同样的评价目的,当评价指标数据变化时,评价结果也随之变化。数据包络法根据数据本身走势,从投入和产出分析,用客观的方法指导决策。而对系统的决策过程,客观数据是一部分,具体情况应具体对待。实验室信息化建设过程中,大型仪器管理平台的建设也逐步推进数据分析的可视化操作,数据包络法的实验室大型仪器综合评价也可作为组成模块,为大型仪器购买论证和绩效评价作参考。

参考文献

[1] 赵晓萌,周俊杰,陈钰莹,等.不同创立时期的广东省重点实验室效率差异分析[J].科技管理研究,2021,41(23):105-114.
[2] 王辉,陈敏.基于两阶段 DEA 模型的高校科技创新对区域创新绩效影响[J].经济地理,2020,40(08):27-35,42.
[3] 李群,韦海成,朱立军,等.超效率-DEA 融合层次分析法在高校实验室建设绩效考核中应用[J].实验室研究与探索,2020,39(12):233-237,279.
[4] 余丹,张丽华.基于 DEA 方法的高校科研创新效率研究——以吉林大学为例[J].中国高校科技,2021(S1):61-63.
[5] 徐训航,程薇,苏子涵,等.基于三阶段 DEA 模型的教育部直属高校科研投入产出效率评价[J].中医教育,2022,41(04):13-18.
[6] 喻均林.江西省高等教育投入产出效率评析——基于 DEA 方法视角[J].湖南人文科技学院学报,2020,37(05):69-73.
[7] 肖斌,陈翔,程晓静.基于 DEA 模型的示范性高职院校实训基地效率分析[J].实验室研究与探索,2019,38(02):218-223.
[8] 朱金龙,孙雁飞,王晓冬.基于超效率 DEA 的高校重点实验室科研效率评价与分析[J].科技与管理,2018,20(04):50-56.
[9] 王悦,王元正,刘保华,等.运用德尔菲法构建大型仪器设备绩效评价指标体系[J].中国医院建筑与装备,2021,22(07):88-90.
[10] 沈舒敏,赵月琴,宣瑛,等.高校大型仪器绩效考核指标研究与实践[J].实验室研究与探索,2021,40(02):270-274.
[11] 曹啸敏,施敏敏,赵云峰,等.地方高校大型仪器设备效益评价体系的构建[J].盐城工学院学报:社会科学版,2021,34(04):107-110.